WHISKY

GESCHICHTE · HERSTELLUNG · MARKEN

WHISKY

GESCHICHTE · HERSTELLUNG · MARKEN

INHALT

WHISKYWISSEN

DIE URSPRÜNGE DES LEBENSWASSERS

Auf die Frage, wo die Wiege des Whiskys stehe, wird wohl die Mehrzahl der Menschen im Brustton der Überzeugung antworten: „In Schottland natürlich". Stimmt aber trotzdem eher nicht. Der erste Whisky wurde aller Wahrscheinlichkeit nach in Irland gebrannt. Das Verfahren der Destillation verbreitete sich um das 11. Jahrhundert n. Chr. in Europa, wobei unklar ist, wo und wann es erfunden wurde – es ist durchaus denkbar, dass das an verschiedenen Orten geschah.

Entscheidend für die Verbreitung der Destillation war vermutlich die Erfindung des *Alamabic*, des Destillierkolbens, der auch heute noch bei der Whiskyherstellung zum Einsatz kommt, und die geht auf die Mauren zurück, die um die Jahrtausendwende weite Teile Spaniens beherrschten. Die Kenntnis um die

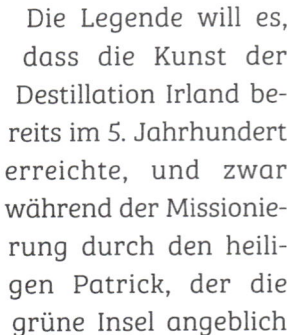

Technik der Destillation gelangte schließlich auch in die christlichen Klöster, wo der Alkohol im Wesentlichen in Arzneien und Essenzen verarbeitet wurde – aber nicht nur: Sicherlich landete der ein oder andere Schluck, ansprechend parfümiert, in den Kehlen der Mönche, die sich mit Hochprozentigem die kalten Knochen wärmten.

Die Legende will es, dass die Kunst der Destillation Irland bereits im 5. Jahrhundert erreichte, und zwar während der Missionierung durch den heiligen Patrick, der die grüne Insel angeblich nicht nur mit den Segnungen des Christentums bekannt machte, sondern auch mit jenen der Alkoholbrennerei. Dies führen die Iren gern als Argument an, wenn sie die Erfindung des Whiskys oder vielmehr Whiskeys für sich beanspruchen –

worauf die Schotten gerne kontern, dass Saint Patrick in Dumberbarton und damit in Schottland geboren sei, was sie zu den rechtmäßigen Whiskyerfindern mache. Verbrieft ist die Produktion von Branntwein – und damit eines trinkbaren Destillats – in Europa jedenfalls ab dem 12. Jahrhundert.

Auf Gälisch nannte man die glasklare Flüssigkeit, die durch das Brennen von Trestern oder Getreide entstand, *uisge beatha* – Lebenswasser –, was auf das lateinische „aqua vitae" zurückgeht. Daraus entwickelten sich die Ableitungen *usquebaugh* und *uisgebaugh* – ausgesprochen „uiscaba" –, aus deren ersten beiden Silben im Laufe der Zeit die Bezeichnung „Whisk(e)y" entstand.

MITTELALTERLICHER TECHNOLOGIETRANSFER

Von Irland aus nahm das Wissen um die Whiskyherstellung dann seinen Weg nach Schottland, wo man das Originalrezept gleich auch ein wenig veränderte. Anstatt Kohle verwendet man dort für das Befeuern der Öfen, in denen die angekeimte Gerste gedarrt wird, Torf. Dadurch erhält der schottische Whisky seinen speziellen rauchigen Geschmack, der ihn bis heute unverwechselbar macht. Ein erster schriftlicher Hinweis auf die Produktion von Whisky in Schottland findet sich in einem Steuerregister aus dem Jahr 1494, wo vermerkt ist, dass ein gewisser Bruder John Cor aus dem Kloster Lindores im Norden der damaligen schottischen Hauptstadt Dumfermline auf Befehl des schottischen Königs Jakob IV. acht *boll* (altes Hohlmaß für Getreide) Malz erworben habe, um damit Lebenswasser herzustellen. Nach heutigen Berechnungen reichte das für die Produktion von etwa 400 Litern Whisky und damit eine durchaus beachtliche Menge. Die Iren gaben dem Kind also seinen Namen, während die Schotten sich seiner ersten schriftlichen Erwähnung rühmen dürfen.

VOM HEIL- ZUM GENUSSMITTEL

Zunächst schätzte man den Whisky in schottischen Landen vor allem als Heilmittel. Besagter König Jakob IV. bestellte seinen Whisky wohl nicht nur, um damit seiner Vorliebe für das ein oder andere Gläschen Lebensfreude Genüge zu tun, sondern auch, um als selbst berufener Heilkundiger diverse eigene Zipperlein und sein Umfeld zu behandeln. Im Jahr 1505 erwarb die Zunft der Edinburgher Bader und Chirurgen das Monopol zur Whiskyherstellung, doch sie sollten nicht lange Freude an diesem Vorrecht haben, denn die Bevölkerung hatte schon bald entdeckt, dass Whisky nicht nur als Medizin taugte, und 1572 sah sich das schottische Parlament gar gezwungen, die Whiskybrennerei zukünftig nur noch dem Adel zu gestatten, da Gerste als Lebensmittel knapp wurde. Allerdings hatte das Wissen um die Herstellung von Hochprozentigem seinen Weg ins gemeine Volk gefunden, und schwarz gebrannt wurde natürlich trotzdem.

WHISKY MACHT POLITIK

1644 verfügte das schottische Parlament eine Alkoholsteuer, um den Krieg gegen Karl I. zu finanzieren. Als Karl II. an die Macht zurückkehrte, wurde diese Steuer aber wieder abgeschafft. Mit dem Act of Union von 1707 erfolgte schließlich die Integration des schottischen in das englische Parlament und damit die Unterwerfung Schottlands, und schon bald wurde die auf englischem Boden geltende Whiskysteuer auch in Schottland eingeführt. Das nahmen die schottischen Whiskybrenner keineswegs klaglos hin, und es kam zu diversen Aufständen. Und in den schwer zugänglichen Highlands entstanden, wen wundert's, reichlich Schwarzbrennereien, die auch noch das Privileg für sich in Anspruch nehmen konnten, den einzig wahren schottischen Whisky zu destillieren, denn wer dem Gesetz treu bleiben wollte, musste den am Herstellungsprozess beteiligten Anteil gemälzter Gerste verringern und stattdessen auf ungemälzte Gerste zurückgreifen – so konnte natürlich kein original schottischer Whisky entstehen. Das Umgehen der Whiskysteuer wurde nachgerade zum Volkssport und zum Zeichen politischen Widerstandes gegen die Vereinnahmung durch die verhassten Engländer – illegale Whiskybrenner und Schmuggler wurden wie Helden verehrt. In den Highlands avancierte Whisky zum Nationalgetränk, das ungeachtet von Herkunft und sozialem Status genossen wurde.

DAS ENDE DER SCHWARZBRENNEREI

Mit dem „Small Stills Act" von 1816 sollte die Ära der Schwarzbrennerei in Schottland langsam zu Ende gehen. Er hob zum einen die „Teilung" zwischen Highlands und Lowlands auf, zu der es durch den Wash Act von 1784 gekommen war, um Wettbewerbsgleichheit zwischen den Regionen zu schaffen, und erlaubte schon Brennbirnen ab 40 Gallonen (während zuvor 500 Gallonen die Mindestgröße waren), was knapp 200 Litern entspricht, sowie auch wieder kleinere Maischbottiche. Dies ermöglichte vielen kleinen Whiskybrennereien die Rückkehr in die Legalität.

So sehen die pot stills heute aus.

Endgültig einen Schlusspunkt unter die flächendeckende Schwarzbrennerei in Schottland setzte 1823 der „Exercise Act", mit dem die Steuern um die Hälfte gesenkt wurden. Lagerung und Export von Whisky waren von nun an steuerfrei. Im Gegenzug mussten die Whiskybrenner jedoch 10 Pfund jährlich für eine Art Gewerbeschein zahlen. Dies machte die Rückkehr in die Legalität so leicht, dass sich die Anzahl der gewerblichen Whiskybrennereien rasch steigerte: Waren es 1823 noch 111 gewesen, zählte man 1825 bereits 263.

WÄHRENDDESSEN IN IRLAND …

Auch in Irland suchte die Staatsmacht nach Mitteln, Profit aus der Beliebtheit des Whiskeys zu ziehen. Die Regierung erließ 1661 ein Gesetz über eine astronomisch hohe Whiskeysteuer. Die Folge war ein sprunghafter Anstieg der Schwarzbrennerei, und man unterschied im allgemeinen Sprachgebrauch zukünftig zwischen legalem Parlamentswhiskey, sogenanntem „Parliament", und illegal gebranntem „Poitín" – und als original irisch galt selbstverständlich ausschließlich Letzterer. Sein Name geht auf den *pot still*, die Brennblase, die bei seiner Herstellung verwendet wird, zurück.

1823, im selben Jahr also wie in Schottland, wurde schließlich ein Gesetz erlassen, das in ganz Großbritannien gelten sollte und das für eine gerechtere Besteuerung des Whiskeys auf Grundlage der destillierten Menge sorgte. Damit ging die Blütezeit der Schwarzbrennerei auch auf der grünen Insel zu Ende.

Es waren übrigens die Iren, die den englischen Hof offiziell mit dem Whiskey bekannt machten: Nachdem der Count of Cork Königin Elisabeth I. (1533–1603) und Sir Walter Raleigh 35 Gallonen irischen Whiskey zum Geschenk gemacht hatte – woraufhin er vielfach als Vaterlandsverräter geschmäht wurde –, erfreute das Getränk sich in England größter Beliebtheit und trat von dort aus seinen Siegeszug in der Welt an. Produziert wurde der irische Exportschlager in späteren Jahren insbesondere von den Ende des 18. Jahrhunderts gegründeten Brennereien Jameson und Powers.

SCHOTTISCHER WHISKY AUF DEM VORMARSCH

Dass der schottische Whisky dem irischen im 19. Jahrhundert Schritt für Schritt international den Rang ablief, ist im Wesentlichen einer Fehlentscheidung der Unternehmen Jameson und Powers mit weitreichenden Folgen geschuldet: 1832 bot ihnen der pensionierte irische Steuerbeamte Aeneas Coffey eine überarbeitete Version des 1826 von dem Schotten Robert Scott erfundenen „Patent Still" (Patent-Brennapparat) an, mit dem Alkohol – anders als mit den traditionellen Anlagen – in einem kontinuierlichen Verfahren aus verschiedenen Getreidesorten gewonnen werden konnte. Jameson und Powers zogen es jedoch vor, weiter nach dem traditionellen Pot-Still-Verfahren zu produzieren.

In Schottland fand Coffey hingegen dankbare Abnehmer für seinen Apparat: Schon bald nutzte man die Technologie dort zur Herstellung von Grain Whisky. Der schottische Spirituosen- und Weinhändler Andrew Usher komponierte 1853 auf der Basis von Grain Whisky den ersten echten Blended Whisky, der weitaus sanfter als die reinen Malts schmeckte. Da Blends günstiger und auch noch leichter in gleichbleibender Qualität zu erzeugen waren, wurden sie bald marktbeherrschend.

KRIEGS- UND PROHIBITIONSWIRREN

Doch bekanntlich währt kein Glück ewig: Mit dem Ausbruch des Ersten Weltkriegs kam der Whisky-Handel mehr oder weniger zum Erliegen, und Getreide durfte nicht mehr für die Whiskyproduktion verwendet werden, sondern wurde ausschließlich zur Produktion von Nahrungsmitteln genutzt. 1919 traten dann die Prohibitionsgesetze in den Vereinig-

ten Staaten in Kraft, und in Übersee ging – zumindest für den legalen Handel – ein riesiger Markt verloren, woraufhin die Iren ihre Produktion drosselten. Darüber hinaus hatten sie noch mit innenpolitischen Wirren zu kämpfen. Nach dem Osteraufstand 1916 und dem folgenden Unabhängigkeitskrieg belegten die Engländer das Land mit einem Handelsembargo, sodass es zusätzlich auch noch von den Absatzmärkten in Australien und Neuseeland abgeschnitten war.

1933 wurde die Prohibition unter dem US-amerikanischen Präsidenten Roosevelt wieder abgeschafft. Die Schotten waren darauf gut vorbereitet und verfügten – ganz anders als die Iren – über ausreichend ausgereifte Whiskyvorräte, um den sich wieder öffnenden Markt zu bedienen. Der Niedergang der irischen Whiskeyindustrie hingegen setzte sich fort, und erst seit dem Zusammenschluss der wenigen verbliebenen irischen Destillerien in den 1970er-Jahren konnte der irische Whiskey seine internationale Position wieder stärken, wobei der schottische Whisky bis heute marktbeherrschend ist.

WHISK(E)Y IN DEN USA UND KANADA

Mit den Einwanderungswellen im 18. Jahrhundert sowie Mitte des 19. Jahrhunderts brachten die schottischen und (nord-)irischen Siedler mit ihren Bräuchen und Traditionen auch die Kunst der Whisk(e)yherstellung mit nach Übersee. Vermutlich gab es die ersten Destillen auf amerikanischem Boden bereits zu Beginn des 18. Jahrhunderts, doch als gesichert gilt ihre Existenz erst ab Ende des 18. Jahrhunderts. In der Folgezeit entstanden überall in den englisch kolonisierten Gebieten Brennereien. Allerdings wuchs Gerste, die traditionell für die Whiskeyherstellung verwendet wurde, in der neuen Heimat der Siedler deutlich schlechter, sodass man begann, Whiskey aus Roggen zu brennen. Heute spielt der Rye Whiskey eine eher untergeordnete Rolle, wobei er seit einigen Jahren eine kleine Renaissance verzeichnen kann.

In Kentucky und Tennessee allerdings gedieh Mais am besten, und das in solchen Massen, dass man aus den Überschüssen Whisky brannte. Damit war man so erfolgreich, dass Whiskey zwischenzeitlich sogar zu einem beliebten Tausch- und Zahlungsmittel avancierte. Schon bald wollte auch der Staat teilhaben an dem einträglichen Geschäft und plante, hohe Steuern auf den Whiskey zu erheben. Vielen Siedlern aus den traditionellen Whiskyländern Schottland und Irland kam das nur allzu bekannt vor, und ihre Proteste gegen diese Einschränkung ihrer neu gewonnen Freiheiten gipfelten 1794 in der sogannten Whiskey Rebellion, für deren Niederschlagung der erste US-amerikanische Präsident George Washington, der später selbst Whiskeybrenner war, ein ganzes Heer rekrutieren musste. Viele der Rebellen zogen sich damals nach Kentucky in das Städchen Harrodsburg zurück, wo unter Leitung des einflussreichen Siedlers James Harrod in großen Mengen Whisky aus Weizen und Roggen gebrannt wurden.

Jene Zeit wird häufig als Geburtsstunde des Kentucky-Whiskeys bezeichnet, und im letzten Viertel des 18. Jahrhunderts stiegen einige sehr einflussreiche Familien in die Whis-

Bourbon

Der Legende nach war der Baptistenpfarrer Elijah Craig der Erste, der aus Mais Bourbon brannte, doch man kann davon ausgehen, dass er sich eher um die schriftliche Dokumentation des Verfahrens verdient gemacht hat. Damit ein Whiskey sich Bourbon nennen darf, muss die Getreidemischung, aus der er destilliert wird, mindestens 51 % Mais enthalten.

Seinen Namen verdankt der Bourbon angeblich dem historischen Bezirk Bourbon County im US-Bundesstaat Kentucky, wobei dieser für die Whiskyproduktion nie eine tragende Rolle gespielt hat. Heute wird dort aufgrund sehr strenger Alkoholgesetze überhaupt kein Whisky mehr gebrannt. So gibt es auch Vermutungen, dass Namensgeber für den Bourbon eher die Bourbon Street in New Orleans war. Dort machten viele Menschen erstmals Bekanntschaft mit dem Whiskey aus Kentucky, um dann, wenn sie ihn andernorts wieder trinken wollten, nach „Whiskey wie in der Bourbon Street" zu verlangen.

keyherstellung ein, darunter die Familien Böhm (Jim Beam), Brown (Brown-Forman) und Samuel (Maker's Mark). Anfang des folgenden Jahrhunderts zählte man allein in Pennsylvania 3.500 Brennanlagen, in Kentucky 2.000. Außerdem wurde noch in Maryland, Virginia und Tennessee Whiskey gebrannt.

WHISKEY IM ZEITALTER DER ABSTINENZ

Mit steigenden Produktionsmengen wurde der Whiskey im 19. Jahrhundert immer erschwinglicher und damit zum alkoholischen Getränk der Massen. Allerdings rief dies auch die Abstinenzbewegung auf den Plan, die Alkohol als Teufelszeug brandmarkte und dessen Verbot forderte – erfolgreich. In Tennessee gab es bereits ab 1910 ein Alkoholverbot, und Anfang 1920 herrschte in den gesamten USA die Prohibition. Ziel des ambitionierten Unternehmens war die „Trockenlegung" einer ganzen Nation, was ja, wie hinlänglich bekannt, nicht gelungen ist. Stattdessen blühte der Schwarzmarkt und machte Gangster, Schwarzbrenner und Schmuggler zu reichen Leuten.

Auch ausländische Whiskyproduzenten, die bereit waren, die Gesetze zu unterlaufen, profitierten von der Situation, andere, wie die irischen Whiskeyhersteller, die vom Schmuggel nichts hielten, gingen leer aus. Auch im Land mussten zahllose Brennereien schließen, und nach Aufhebung der Prohibition erholte sich der Whiskeymarkt nur langsam.

PROHIBITIONSGEWINNLER KANADA

Die Geschichte des Whiskys in Kanada, wo man sich für die schottische Schreibung ohne „e" entschieden hat, verlief nicht bedeutend anders als in den benachbarten USA. Siedler

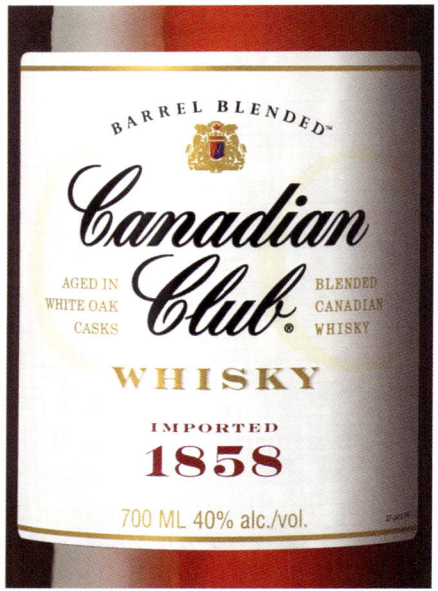

Er gilt als Urvater des leichten Canadian Style und Erfinder des ersten kanadischen Markenwhiskys. Joseph E. Seagram avancierte mit seinem Seagram's V.O., den er 1916 auf den Markt brachte, zum erfolgreichsten kanadischen Rye-Whisky-Hersteller.

Die Abstinenzbewegung hatte zwar auch in Kanada durchaus Einfluss, sodass bereits 1914 in einigen kanadischen Provinzen ein Alkoholverbot herrschte und der Alkohol 1918 kurzzeitig sogar landesweit verboten wurde, doch hier erkannte man beinahe unmittelbar die Sinnlosigkeit des Unterfanges und schaffte das Gesetz wieder ab. Dies mag auch daran gelegen haben, dass man hoffte, von der in den USA damals unmittelbar ins Haus stehenden Prohibition zu profitieren. Schließlich konnte man Schmuggler mit hochwertigem Whisky beliefern, was dem kanadischen Whisky in den USA einen ausgezeichneten Ruf verschaffte. Der kanadische Whisky hat bis heute eine beherrschende Position am US-Markt.

aus Irland und Schottland brachten das Wissen um die Whiskyherstellung aus ihrer Heimat mit. Die erste offizielle Brennerei auf kanadischem Boden gehörte John Molson und öffnete ihre Pforten 1821. Ihm folgten später unter anderem Hiram Walker und Joseph E. Seagram, die es mit ihren Unternehmen und Whiskys zu Weltruhm brachten. Walker beschritt neue Wege, indem er seinen Blend sechs Jahre lang im Fass reifen ließ und dazu noch in Flaschen abfüllte, deren Etikett die Aufschrift „Club Whisky" zierte.

JAPAN

Die Geschichte des japanischen Whiskys ist noch keine hundert Jahre alt. In der japanischen Kultur spielt Alkohol zwar eine weitaus weniger wichtige Rolle als in Europa oder Nordamerika, doch mit der gesellschaftlichen Öffnung des Landes nach Europa im letzten Drittel des 19. Jahrhunderts wurde man auch auf den schottischen Whisky aufmerksam, und die Oberschicht begann, Scotch zu importieren. Bis zur Entstehung der ersten japanischen Brennerei war es von dort nicht mehr weit, und 1923 gründete Shinjiro Torii die erste Destillerie des Landes im Yamazaki-Tal, die den Grundstein seines späteren Unternehmens Suntory bilden sollte, das heute einer der fünf weltweit größten Getränkekonzerne ist. Der erste Suntory-Whisky kam bereits 1929 auf den Markt, doch die große Stunde des japanischen Whiskys sollte erst nach dem Zweiten Weltkrieg schlagen. Hatte man sich zunächst geschmacklich noch sehr stark an den schottischen Whiskys orientiert, entwickelte man in Japan im Laufe der Jahre einen ganz eigenen Stil. Der Einsatz von Torf ging zurück, und man destillierte Whiskys mit leichteren Noten, die man, mit Wasser verdünnt, auch zum Essen trinken kann. Einen solch verdünnten Whisky nennt man in Japan „Mizuwari". Heute ist Japan nach den Vereinigten Staaten der weltweit zweitgrößte Whiskyproduzent, und japanischer Whisky bei internationalen Wettbewerben regelmäßig hoch dekoriert.

WHISKYZUTATEN

Für die Herstellung eines klassischen Whiskys benötigt man nur eine Handvoll Zutaten. Mit Getreide, Wasser und Hefe lassen sich die edelstenTropfen brennen – wobei natürlich Fass und Torf ebenfalls ihr Scherflein beitragen.

GETREIDE

Gebrannt wird Whisky aus Gerste, Mais, Roggen oder Weizen – entweder pur oder auch kombiniert. Hervorragend geeignet ist Gerste, da sich die darin enthaltene Stärke besonders gut zu vergärbarem Zucker umwandeln lässt. Sie kommt vor allem bei der Produktion schottischer und irischer Whisk(e)ys zum Einsatz, während in den USA Mais das wichtigste Getreide bei der Whiskeyherstellung ist: Bourbon muss über einen Maisanteil von mindestens 51 % verfügen, Gleiches gilt für Tennessee-Whiskey. Roggen spielte besonders zur Zeit der Besiedelung Nordamerikas eine wichtige Rolle bei der Whiskeyproduktion. Im 18. Jahrhundert wurde in Pennsylvania und Maryland vorwiegend Rye Whiskey produziert. In Kanada hat sich die Bedeutung des Roggens in der Whiskybranche bis heute erhalten. Weizen verwendet man vor allem bei der Herstellung von Grain Whiskys, die in der Regel mit anderen Whiskys zu Blends verschnitten werden.

WASSER

Wo Whisky produziert wird, darf es an Wasser nicht fehlen. Man benötigt es zum Maischen, für die Kühlung bei der Destillation, bei der Fassabfüllung und letztlich noch zur Verdünnung des Whiskys auf Trinkstärke. Kein Wunder also, dass jede Destillerie peinlich genau auf Verfügbarkeit und Qualität ihres Wassers achtet. Glenfiddich zum Beispiel wird mit Wasser aus der Robbie-Dhu-Quelle versorgt. Damit man sich auch ganz sicher sein kann, dass das Wasser wirklich einwandfrei ist, hat das Unternehmen kurzerhand das gesamte Land vom Ursprung der Quelle bis zur Brennerei gekauft. Auf diesen 600 Hektar in

den Conval Hills dürfen auch keine Schafe oder Rinder weiden, deren Ausscheidungen das Wasser verunreinigen könnten.

Härtegrad und Geschmack des Wassers hängen davon ab, welche Art von Untergrund und Gestein es passiert. Dabei kann man nicht pauschal sagen, ob hartes oder weiches Wasser per se besser für die Whiskyherstellung ist – sicher ist nur, dass das eine wie das andere wesentlich zum individuellen Geschmack des Endproduktes beiträgt.

HEFE

Diese Zutat braucht man, um den aus der Getreidestärke gewonne-nen Zucker in Alkohol umzuwandeln. Da die im Gerstenmalz enthaltenen Wildhefen nicht ausreichen, um den Gärungsprozess in Gang zu bringen, greift man auf Kulturhefen zurück. Auch diese haben einen Einfluss auf den Geschmack, und die eine Hefe eignet sich besser für diesen, die andere besser für jenen Whisky mit seinen spezifischen Eigenschaften. Man kann sich also unschwer vorstellen, wieviel Wert die Brennereien auf die Pflege ihrer Hefekulturen legen. Und nicht wenige machen ein Geheimnis daraus. Insbesondere in den USA hat die Heferezeptur einen sehr hohen Stellenwert, und viele Unternehmen sind stolz darauf, ihre Hefen selbst zu züchten.

WHISKYHERSTELLUNG

Die Grundlagen der Whiskyherstellung variieren ungeachtet der verwendeten Getreidesorten kaum, sieht man einmal davon ab, dass die Iren ihre Whiskys traditionell dreimal brennen. Im Folgenden wird der Herstellungsprozess für den Single Malt beschrieben.

Gerstenmalz

MÄLZEN

Erster Schritt der Herstellung ist das sogenannte Mälzen, bei dem die Gerste zum Keimen gebracht wird, um sie zu Malz zu verarbeiten. Zunächst wird die Gerste ausgebreitet und befeuchtet, um den Keimungsprozess in Gang zu setzen. Dabei wird im Korn Stärke in Maltose umgewandelt, wobei Wärme entsteht. Damit die Wärme gleichmäßig verteilt wird, ist ein ständiges Umwälzen des Getreides notwendig. Außerdem ist das Fingerspitzengefühl des Mälzers gefragt: Er muss den Vorgang genau dann stoppen, wenn das Korn einen optimalen Maltosegehalt hat, denn der ist letztlich entscheidend für den späteren Alkoholgehalt des Whiskys. Angehalten wird die Keimung durch den Entzug von Feuchtigkeit. Optimal ist die Gerste gekeimt, wenn sie sich weich und kreidig anfühlt. Bis es so weit ist, dauert es etwa eine Woche. Dann ist das sogenannte Grünmalz fertig. Da das Mälzen ein aufwendiger Vorgang ist und bis zu zwei Dritteln der Herstellungskosten von Whisky ausmacht, kaufen viele Brennereien ihr Gerstenmalz heute von spezialisierten Betrieben.

DARREN

Im nächsten Schritt geht es an das Trocknen des Grünmalzes, das sogenannte Darren. Traditionell passierte das in Gebäuden mit hübschen Pagodendächern, den sogenannten Kiln oder Malzdarren, die man in Schottland bei vielen Destillerien noch bewundern kann – allerdings sind die wenigsten noch in Betrieb, und die Trocknung geschieht bevorzugt in modernen Öfen. Für einen klassischen Single Malt erfolgt die Trocknung durch ein Torffeuer, das dem Whisky seinen typisch rauchig-torfigen Geschmack verleiht. In früheren Zeiten trocknete man das Grünmalz in Schottland ausschließlich mit Torf. Das lag daran, dass schlicht kein anderes Brennmaterial zur Verfügung stand. Mit der Erfindung der Eisenbahn allerdings griff man in Regionen, die an das neue Verkehrsnetz angeschlossen waren, bevorzugt auf die nun ausreichend vorhandenen Brennstoffe Kohle und Koks zurück, und der Torfgeschmack verschwand – was zu Beginn des vergangenen Jahrhunderts viele Whiskytrinker glücklich machte. Inzwischen haben rauchige Single Malts aber wieder eine wachsende Fangemeinde. Doch das Grünmalz wird sehr selten ausschließlich mit Torffeuer gedarrt. Häufig wird nur am Anfang des Trockenvorgangs ein Torffeuer entzündet, dann wird mit Koks oder Briketts weiter gedarrt.

Die früheren Malzdarren erkennt man an den typischen Pagodendächern.

MAISCHEN

Im nächsten Schritt wird gemaischt. Zuvor allerdings wird das Malz erst einmal von den Keimen befreit und in der Mühle zu Grist vermahlen, um den Zucker aus den Gerstenkörnern freizulegen. Dieses nicht zu feine Mehl wird mit heißem Wasser im Maischebottich verrührt. Durch die Wärme wird die Umwandlung der in der Gerste enthaltenen Stärke in Maltose und weitere gärfähige Zucker wieder in Gang gesetzt. Das Wasser wird dabei nach und nach zugegeben und die anfängliche Temperatur von 60–68 °C langsam auf 80 °C erhöht. Während dieses Vorgangs wird

Gärbottiche, sogenannte „wash backs"

die heiße und süße Würze, engl. *wort*, drei bis viermal abgelassen, wobei im Normalfall nur der erste und zweite Abstich in die *underbag* genannten Auffangbehälter wandert. Die beiden weiteren Abstiche werden abgekühlt und bei späteren Maischvorgängen untergemischt.

GÄREN

Die auf 20–27 Grad abgekühlte Würze wird nun in die Gärbottiche, *wash backs*, gefüllt, deren Fassungsvermögen für gewöhnlich zwischen 4.500 bis 60.000 Litern liegt, wobei auch kleinere und deutlich größere möglich sind. Früher waren sie meist aus Lärchen- oder Kiefernholz, heute hat die Mehrzahl der Destillen auf Edelstahlbehälter umgerüstet. Damit die *wort*, die Würze, nun zur *wash* werden kann, wird ihr Hefe beigefügt, die die darin enthaltenen Zuckerstoffe in Alkohol umwandelt. Die Gärung oder Fermention ist ein sehr bewegter Prozess, und die Bottiche werden nur zu drei Vierteln befüllt, damit die brodelnde Flüssigkeit bei der Gärung nicht überläuft. Heute ist der Gärungsprozess fast vollständig mechanisiert. Früher jedoch wurde diese recht heikle Phase sehr engmaschig überwacht und die *wash* regelmäßig von Arbeitern umgerührt, um eine übermäßige Schaumbildung zu verhindern. Trotz aller Technik wacht bis heute stets ein erfahrener Mitarbeiter über den 36–48 Stunden dauernden Vorgang, bei dem eine klare Flüssigkeit aus Wasser, Hefe und 5 % Alkohol entsteht.

DESTILLIEREN

Beim anschließenden Brennen, der Destillation, wird der Alkohol aus der *wash* extrahiert. Das geschieht im Falle von schottischem Single Malt mithilfe von zwei Brennblasen, sogenannten *pot stills*, unterschiedlicher Größe. Bei der ersten Brennblase handelt es sich um die sogenannte *wash still*, in die die Wash gefüllt und erhitzt wird.

Da Alkohol bereits bei 78 °C siedet und Wasser erst bei 100 °C, steigt der Alkohol zuerst als Dampf aus dem Gemisch auf, um dann im Schwanenhals der Brennblase zu kondensieren und in den Kühler zu fließen. Diese Flüssigkeit, die als *low wines*

Brennblasen, sogenannte „pot stills"

bezeichnet wird und bei der es sich im Prinzip um Roh-Whisky handelt, hat einen Akoholgehalt von ca. 21 %. Sie wird nun in die *low wines still*, die zweite Brennblase, gefüllt und ein weiteres Mal destilliert. Dann prüft der Brennmeister im sogenannten *spirit safe*, wie rein der Alkohol ist. Vor- und Nachlauf, auch Kopf und Schwanz oder *foreshots* und *feints* genannt, werden auf jeden Fall abgeschieden und erneut destilliert, da sie noch viele Unreinheiten enthalten. In Fässer abgefüllt wird am Ende ausschließlich der klare Mittellauf (*middle cut* oder auch *heart cut* – Herzstück – genannt). Wo dieser anfängt und aufhört, ist ein wohlgehütetes Geheimnis des Brennmeisters. Je länger er den Mittellauf macht, desto herber wird sein Destillat. Macht er ihn zu kurz, riskiert er ein zu mildes und damit wenig charakteristisches Destillat. Am Ende des zweiten Brennvorgangs beträgt der Alkoholgehalt des Feinbrands rund 65–70 %. Er wird nun mit Quellwasser auf einen für die Reifung optimalen Alkoholgehalt von rund 63 % gebracht und in Fässer abgefüllt.

FASSABFÜLLUNG UND LAGERUNG

Das Gros der Brennereien füllt in festgelegten Intervallen ab, und das in Fässer unterschiedlicher Größe. Je größer das Fassungsvermögen, desto langsamer reift der Whisky, da der Austausch zwischen Whisky und Holz aufgrund der verhältnismäßig kleineren Kontaktfläche langsamer vonstatten geht. Traditionell hat ein Whiskyfass ein Fassungsvermögen von 500 Litern. Wurden früher ausschließlich ehemalige Sherryfässer verwendet, greift man heute in Ermangelung von Nachschub – Sherry ist längst nicht mehr so populär wie einst – in der Regel außerdem auf ehemalige Bourbonfässer zurück, die in ihrer Heimat nur einmal verwendet werden dürfen. Wird ein spezielles Finish gewünscht, kommen auch Weinfässer infrage. Für Charakter und Farbe des Whiskys ist die Verwendung von Eichenfässern bei der Lagerung von zentraler Bedeutung. Darum ist sie auch gesetzlich vorgeschrieben, ebenso wie die Mindestlagerzeit von Whisky. Während ein Whisky in Schottland und Irland drei Jahre lang im Fass lagern muss, sind dafür in Kentucky nur zwei Jahre nötig. Allerdings verbleiben Whiskys in der Regel deutlich länger im Fass, denn im Allgemeinen werden sie mit zunehmender Reifung immer besser.

> **„Das Fass ist eine wichtigere Erfindung als das Rad, denn in einem Rad kann man keinen Whisky reifen."**
>
> Jim McEwan, Brennmeister der schottischen Brennerei Bruichladdich

WHISKYSORTEN

Ungeachtet der Sorte ist allen Whiskys gemeinsam, dass sie aus Getreide, Wasser und Hefe hergestellt werden und eine Weile – wie lange genau, ist von Land zu Land verschieden – im Fass reifen müssen, bevor sie sich Whisk(e)y nennen dürfen. Doch je nachdem, welche Getreidesorten und welches Herstellungsverfahren zum Einsatz kommen, erhält man ganz unterschiedliche Whiskysorten. Die folgenden Zeilen sind eine kleine Orientierungshilfe in der Welt der Whiskys.

SCOTCH WHISKY

Die gesetzliche Definition dieses Begriffes datiert aus dem Jahr 1909 und wurde 1988 ergänzt. Mit einem echten Scotch hat man es nur zu tun, wenn es sich um einen Brand aus einer schottischen Destillerie handelt,

der im Land aus einer Maische aus gemälzter Gerste oder einer anderen Getreidesorte hergestellt wurde, die durch Zugabe von Hefe fermentiert und mit einem Alkoholgehalt von maximal 94,8 % destilliert wurde. Die Dauer der Lagerung im Holzfass (Eiche) muss mindestens drei Jahre betragen, und bei der Flaschenabfüllung muss der Whisky einen Alkoholgehalt von mindestens 40 Volumenprozent haben.

MALT WHISKY

Malt Whisky darf nur ein Brand genannt werden, der zu 100 % aus gemälzter Gerste hergestellt wurde.

Single Malt

Diese Whiskyvariante muss zu 100 % Prozent aus Malt Whisky bestehen und darf nur aus einer einzigen Destillerie stammen. Dabei darf es sich jedoch durchaus um einen Verschnitt aus mehreren Fässern dieser Destillerie handeln. Stammt der Whisky nur aus einem einzigen Fass, handelt es sich um einen Single Cask. Während Single Malts durch das Verschneiden üblicherweise einen gleichbleibenden Charakter und Alkoholgehalt haben, fallen Single-Cask-Abfüllungen häufig sehr unterschiedlich aus. Werden für einen Single Malt Whiskys unterschiedlichen Alters gemischt, darf lediglich das Alter des jüngsten Whiskys angegeben werden.

GRAIN WHISKY

Grain Whiskys, auch Kornwhiskys genannt, werden aus beliebigen Getreiden gebrannt – eine Regel, welche das sein müssen, gibt es nicht. Darüber entschieden und entscheiden häufig heute noch die Marktpreise. Die Maische muss jedoch im Allgemeinen einen Anteil von mindestens 20 % gemälzter Gerste haben, da nur Gerste über die notwendigen Enzyme zur Umwandlung von Stärke in Zucker verfügt. Grain Whiskys werden im kontinuierlichen Verfahren gebrannt, sind qualitativ sehr hochwertig, jedoch eher neutral im Geschmack. Sie werden größtenteils für Blends verwendet.

PURE POT STILL

Erfunden wurde diese Whiskyvariante zu Beginn des 18. Jahrhunderts in Irland. Das Besondere daran besteht in der Mischung aus gemälzter und ungemälzter Gerste. Ursprünglich griff man auf diese Rezeptur zurück, um die hohen Malzsteuern auf der Smaragdinsel zu umgehen. Doch schon bald merkten die Brennmeister, dass man so einen ganz ausgezeichneten Whiskey herstellen konnte, und der Pure Pot Still machte den irischen Whisky weltberühmt. Inzwischen hat er deutlich an Be-

deutung verloren, und in seiner irischen Variante wird er nur noch in Midleton hergestellt. Weiterhin wird auch in den USA Pure Pot Still hergestellt. Allerdings nennt man ihn dort eher Straight Whiskey.

STRAIGHT WHISKEY

Diese US-amerikanische Whiskeysorte muss eine ganze Reihe an Bedingungen erfüllen: „Straight" bedeutet nichts anderes als „pur". So muss bei der Herstellung eine Getreidesorte einen Anteil von mindestens 51 % ausmachen, der Alkoholanteil darf die 80 % nicht überschreiten, die Lagerung muss mindestens zwei Jahre in einem ausgeflammten neuen Eichenfass dauern. Die Zugabe von Farbstoffen ist nicht erlaubt, und in der Flasche muss der Alkoholgehalt des Whiskeys zwischen 40 und 62,5 Volumenprozent liegen. Üblicherweise wird der Maische ein Teil der Destillationsrückstände wieder zugesetzt. Dieses Verfahren nennt man Sour-Mash-Verfahren. Wird auf die Zugabe der Destillationsrückstände verzichtet (was äußerst selten vorkommt), spricht man von Sweet Mash.

Straight Bourbon

Bourbon muss wenigstens 51 % Mais enthalten, maximal erlaubt sind 80 %. Der Rest wird mit gemälzter Gerste, Weizen oder Roggen aufgefüllt. Die Reifung muss in einem neuen Eichenfass erfolgen, und Reifezeiten unter vier Jahren müssen auf dem Flaschenetikett genannt werden.

Straight Corn

Eigentlich könnte man annehmen, Straight Corn (corn bedeutet Mais) und Bourbon seien dasselbe. Sind sie aber nicht. Anders als Bourbon muss Straight Corn über einen Maisanteil von mindestens 80 % verfügen, dafür aber nicht unbedingt in neuen Eichenfässern reifen.

Straight Tennessee

Dieser Whiskey wird weitgehend nach denselben Regeln wie Bourbon gebrannt, aber vor dem Abfüllen noch durch eine dicke Schicht Holzkohle aus Zuckerahorn gefiltert. Dieses Verfahren nennt man charcoal mellowing.

Straight Rye

Der „pure Roggen" muss einen Roggen-Anteil von mindestens 51% haben. Er gehörte zu den ersten in der Neuen Welt destillierten Whiskeys, geriet aber mit wachsender Popularität des Bourbon in Vergessenheit. Erst in jüngerer Zeit hat die Whiskywelt ihn wieder für sich entdeckt.

BLENDS

Die Gruppe der Blends ist ebenso umfassend wie vielgestaltig. Am bekanntesten sind die schottischen Blends, die Mitte des 19. Jahrhunderts die Weichen für den internationalen Siegeszug des Lebenswassers aus Schottland stellten. Blends bestehen bisweilen aus bis zu 50 Malt und Grain Whiskys, wobei die Entscheidung über deren Auswahl, Anzahl und Mischverhältnis dem

master blender, dem Blendmeister, obliegt. Dass jede Brennerei die Komposition ihrer Blends hütet wie einen Schatz, mag wohl niemanden überraschen. Häufig wird die Kunst des Verblendens innerhalb einer Familie von Generation zu Generation weitergegeben. In einem Lehrbuch wird man das Geheimnis eines gelungenen Blends kaum finden, entscheidend sind vielmehr die Erfahrung und die gute Nase des Blendmeisters.

Die Qualität eines Blends ist abhängig davon, wieviel Malt Whisky er enthält. Spezialisten halten 50 % für ein Mindestmaß, doch landläufig werden bereits Blends mit einem Malt-Anteil von 40 % als Luxusblends bezeichnet, und es gibt auch Blends, die lediglich 10 % Malt enthalten. Nach dem Verblenden im Mischbottich, das entweder mechanisch oder mittels Pressluft erfolgt, ruht der Blend noch einmal mindestens sechs Monate im Eichenfass, damit die einzelnen Whiskys sich verbinden können. Einige Brauereien mischen zunächst nur die Malt Whiskys und setzen den Grain Whisky erst nach der Fasslagerung bei der Flaschenabfüllung zu.

Während es unter den US-amerikanischen Whiskys lediglich eine überschaubare Anzahl an Blends gibt, werden in Kanada fast ausschließlich Blends produziert, die dann allerdings zum Großteil in den Vereinigten Staaten verkauft werden. Die meisten kanadischen Brennereien stellen mehr oder weniger neutralen Alkohol her, um ihn als Basis für ihre Blends zu verwenden. Er verleiht den kanadischen Whiskys eine ganz typische Weichheit, den „Canadian Style", den die US-amerikanischen Nachbarn besonders schätzen.

WHISKYREGIONEN

Auch wenn Whisky auf der ganzen Welt nach dem gleichen Grundrezept hergestellt wird, entsteht in den unterschiedlichen Regionen der Whiskylandkarte eine Vielzahl geschmacklicher Variationen.

SCHOTTLAND

Nirgends auf der Welt gibt es so viele Destillerien wie in Schottland. Traditionell unterteilt man das Land in fünf Whiskyregionen:

Lowlands

In direkter Nachbarschaft zu Englands Nordspitze befinden sich die Lowlands, die bis zu einer gedachten Linie von Greenock im Westen bis nach Dundee im Osten reichen.

Gleichwohl die wildromantischen Landschaften der schottischen Highlands Mutterland des schottischen Whiskys sind, waren im 18. Jahrhundert die Lowlands führend in der Whiskyherstellung: Man verfügte dort über qualitativ hochwertige Gerste, reichlich Kohle zum Befeuern der Darren und ein vergleichsweise gutes Verkehrsnetz. So entstanden in den 1770- und 1780er-Jahren über 20 neue Brennereien in den Lowlands. Heute gibt es nur noch eine Handvoll Malt-Destillerien, in denen die sogenannten „Lowland Ladies" produziert werden, die als weich, zart, blumig und dezent gelten. Sie erinnern eher an irischen Whiskey als die rauen Kerls aus den Highlands: Gedarrt wird mit Kohle

Die Auchentoshan-Destillerie in den schottischen Lowlands.

statt mit Torf und zum Teil ebenfalls dreifach destilliert. Außerdem sind die Lowlands Heimat von vier der sechs schottischen Grain-Whisky-Brennereien, und hier befinden sich die meisten Verschneide- und Abfüllanlagen des Landes.

Campbeltown

Als eigenständige Whiskyregion im Süden der Halbinsel Kintyre gilt Campbeltown. Das kleine Städtchen ist die historische Hauptstadt des schottischen Whiskys, und es gab dort einst über 30 Brennereien. Heute sind davon nur noch drei übrig, doch die dort produzierten Malts werden insbesondere von Whiskyfreunden geschätzt, die körperreiche, ölige und torfige Malts mit maritimem Einfluss schätzen.

Highlands

Die geografisch größte schottische Whiskyregion sind die Highlands, die – sieht man von der Region Speyside ab – das gesamte schottische Festland südlich der Lowlands einnehmen. Sie bieten eine große landschaftliche Vielfalt – Ackerland, Moore, Berge, tief ins Festland ragende Meeresarme und wildroman-tische Küstengebiete – und sind dabei nur sehr spärlich besiedelt. Hier fanden Schwarzbrenner und Schmuggler einst ideale Verstecke, und viele der aktuellen Destillerien sind heute noch dort, wo früher illegal gebrannt wurde. Entscheidend für die Standortwahl war schon damals eine zuverlässige Wasserversorgung. Angesichts der landschaftlichen Vielfalt und der Größe des Gebietes wundert es nicht, dass auch die Highland-Whiskys mit einer großen geschmacklichen Bandbreite aufwarten. Grundsätzlich lässt sich sagen, dass es sich eher um schwere, trockene Malts mit Honig-, Nuss- und Heidekrautnoten handelt, in den Küstenregionen auch mit maritimen Einschlägen. Erstmals definiert als Whiskyregion wurden die Highlands mit dem Wash Act von 1784, der unterschiedliche Steuersätze für High- und Lowlands festlegte. Heute befinden sich dort noch rund 20 aktive Malt-Brennereien, die Malt für Blends sowie anspruchsvolle Single Malts produzieren.

Speyside

Die Speyside ist eigentlich ein Teil der südöstlichen Highlands. Sie er-

Die Hebrideninsel Arran, „Schottland im Miniaturformat".

streckt sich vom Flüsschen Find-
horn im Westen bis zum Deveron im
Osten, die südliche Grenze bildet
Aberdeen. Hier, im Kernland der
schottischen Whiskyproduktion, befindet sich rund die Hälfte aller
schottischen Brennereien, denn hier
findet man alles, was es für einen
guten Malt Whisky braucht: saube-
res Wasser, Torf und Gerste. Als eines der Zentren des schottischen
Gerstenanbaus trägt die Region
auch den Beinamen „goldenes Drei-
eck" – und dass hier besonders run-
de und feine Single Malts gebrannt
werden, mag auch seinen Teil dazu
beitragen. Neben ihrem eleganten
Stil zeichnen sich die Speyside-Whiskys auch durch eine durchaus bemerkenswerte geschmackliche
Bandbreite aus. Während die einen

durch ihr leichtes, grasig-blumiges
Profil überzeugen, glänzen andere
durch ihre Sherrynoten.

Islay und die Inseln

Islay und die Inseln bilden die fünfte
schottische Whiskyregion. Dabei handelt es sich um die Hebrideninseln an
der schottischen Westküste mit Islay
am südlichen Ende sowie die Orkneyinseln in Schottlands Norden.
Am bekanntesten ist wohl Islay mit
seinen torfigen, bisweilen als medizinisch beschriebenen Whiskys. Die
Gerste wird mit Torf von der Insel gemälzt, der im fertigen Whisky für
Aromen von Meer und Seegras sorgt.
Obwohl die Insel nur 32 km lang und
15 km breit ist, gibt es dort acht
Destillerien – früher waren es sogar
einmal 26. Weiterhin wird auf den He-

brideninseln Arran, Jura, Mull und Skye Whisky produziert. Die Landschaft von Arran gilt als „Schottland im Miniaturformat": Im Norden gibt es Berge und Seen, der Süden ist hügelig mit ausgedehnten Wiesenlandschaften. Hier wird seit 1995 nach 150-jähriger Pause wieder Whisky gebrannt. Mull ist die touristischste Hybrideninsel, insbesondere der Hauptort Tobermory mit seinem hübschen Hafen ist ein beliebtes Ausflugsziel – wobei Whiskykenner wohl vor allem die gleichnamige Brennerei schätzen. Zu den Orkneys gehören insgesamt 67 Inseln, bewohnt davon sind 17. Die Geschichte der Inselgruppe wurde stark durch die Wikinger geprägt, und ihnen verdankt sie auch ihren Namen: „Orkneyjar" bedeutet „Insel der Seehunde". Whisky wird in zwei Brennereien in Kirkwall gebrannt: bei Highland Park und Scapa.

IRLAND

In Irland spielen die regionalen Prägungen des Whiskeys – ganz anders als beim Nachbarn Schottland – nur eine sehr untergeordnete Rolle. Traditionell waren zwei Whiskeystile in Irland vorherrschend: dreifach destillierte fruchtige Blends wie der Jameson und deutlich rauhere Sorten, die im Pot-Still-Verfahren gebrannt wurden.

Die aktuelle irische Whiskeyproduktion erfolgt an drei großen Standorten von einer Handvoll Brennereien: In Midleton im Süden entsteht z. B. die Marke Tullamore Dew, der meistverkaufte irische Whiskey in Deutschland und international auf Platz zwei. Bushmills ist in Nordirland, die Cooley Distillery befindet sich nahe der Grenze zu Nordirland.

Die irische Destillerie Bushmills

USA

In den Vereinigten Staaten waren und sind für die Whiskeyproduktion die Bundesstaaten Virginia, Tennessee und Kentucky von Bedeutung. In **Virginia** wurde bis zum Sezessionskrieg 1861 mehr Whiskey produziert als in Kentucky, doch nach dem Krieg zwischen Nord- und Südstaaten lag die Whiskeyproduktion am Boden, und viele Brennereien zogen um in Nachbarstaaten. Zu Beginn der Prohibition waren nur noch fünf Destillerien übrig, und nach dem Ende des Alkoholverbots wagte es

1935 nur Abraham Smith Bowman, wieder ins Whiskeygeschäft einzusteigen. Bis heute ist Bowman der einzige gewerbliche Whiskeyproduzent in Virginia.

Tennessee

Tennessee verfügt zwar mit dem „Tennessee Sour Mash" über eine eigene, gesetzlich verbriefte Whiskeysorte, doch insbesondere in den sehr konservativen ländlichen Regionen des Bundesstaates herrscht alles andere als ein alkoholfreundliches Klima. Die Whiskeyherstellung ist lediglich in den Countys Coffee,

Jack Daniel

Lincoln und Moore erlaubt. In Tennessee, das Teil des protestantisch-konservativen Bible Belt ist, trat die Prohibition bereits 1910 in Kraft, und im selben Jahr schlossen die letzten verbliebenen Destillerien von einst 700. Mit Ende der Prohibition wurde dort lediglich die Produktion wieder legal. Erst seit 1995 dürfen die Destillerien in ihren Läden wieder Whisky verkaufen, aber trinken muss man ihn noch immer anderswo. Das Besondere am Tennessee Whiskey ist, dass der Whiskey vor der Abfüllung in die Fässer durch Holzkohle aus Zuckerahorn gefiltert wird. Dieses Verfahren, das den Whiskey besonders rein und ausgewogen macht, nennt man „Lincon County Process", „Leaching" oder „Charcoal Mellowing". Der berühmteste Tennessee-Whiskey ist Jack Daniel's.

Kentucky

Der US-amerikanische Whiskeystaat schlechthin ist Kentucky, die Heimat des berühmten Bourbon-Whiskeys. Im County Bourbon wird allerdings schon lange kein Whiskey mehr hergestellt, und Bourbon dürfen sich alle in den USA hergestellten Whis-keys nennen, die gemäß den vorgeschriebenen Auflagen produziert werden. In Kentucky herrscht ungeachtet der milliardenschweren Whiskybranche eine sehr restriktive Gesetzgebung: Nur in etwa der Hälfte der insgesamt 120 Countys ist der Verkauf von Alkohol erlaubt.

KANADA

Angesichts der immensen Größe dieses nordamerikanischen Landes ist es schlicht unmöglich, Whiskyregionen zu benennen: Die einzelnen Brennereien liegen bisweilen nicht nur Hunderte, sondern Tausende Kilometer auseinander. Die ersten kanadischen Brennereien siedelten sich Ende des 18. Jahrhunderts um die großen Seen in Ontario und Quebec an, und angeblich zählte man Mitte des 19. Jahrhunderts rund 200 Destillerien in Kanada. Heute gibt es nur noch etwa 10 aktive Brennereien, die vor allem würzige, süße Blends im typisch kanadischen Stil produzieren, wobei Unterschiede sich weniger durch die regionale Lage der Betriebe als durch die Vorlieben der Blendmeister ergeben.

WHISKYGENUSS

Letztlich spielen viele Faktoren eine Rolle, wenn es darum geht, wie man seinen Whisk(e)y trinkt – von individuellen Vorlieben über Stimmung, Jahreszeit, Tageszeit, Gesellschaft, Anlass bis hin zum Gemütszustand kann alles ein Grund sein, seinen Whisk(e)y genau so zu genießen, wie man es gerade tut. Unerfahrene Whiskytrinker sind jedoch unter Umständen gut beraten, den ein oder anderen Ratschlag zu beherzigen, bis sie ihren individuellen Geschmack entwickelt haben.

Zunächst einmal stellt sich die Frage nach dem **passenden Glas**: Solange man seinen Whisk(e)y nicht auf Eis trinkt, empfiehlt sich ein filigranes tulpenförmiges Glas, in dem sich, anders als in einem Tumbler mit dickem Boden, der Whiskey leicht mit der Hand anwärmen lässt. Die sich nach oben verjüngende Form verhindert, dass sich die Aromen allzu schnell verflüchtigen.

Einen guten Malt trinkt man bei **Zimmertemperatur** oder sogar leicht darüber, und das unverdünnt, denn man kann eigentlich davon ausgehen, dass der Blendmeister seinen Whisky genau zum richtigen Zeitpunkt mit genau der richtigen Stärke hat abfüllen lassen.

Bei Whiskys, die in Fassstärke abgefüllt wurden, ist es meist empfehlenswert, vorsichtig Wasser zuzugeben, da der hohe Alkoholgehalt die Zunge leicht betäuben kann, sodass die feinen Aromastoffe sich nicht frei entfalten können. Am besten verwendet man zum Verdünnen weiches Wasser ohne Kohlensäure. Wer in einer Gegend mit hartem Trinkwasser lebt, sollte auf Quellwasser aus der Flasche zurückgreifen. Bei der Wasserzugabe sollte man zurückhaltend sein, um den Whisky nicht zu verwässern. Profis arbeiten bisweilen sogar mit einer Pipette, um das Wasser tröpfchenweise zu dosieren.

In den USA ist es, anders als in Schottland oder Irland, durchaus üblich, seinen Whiskey „on the rocks" zu trinken, auch wenn man risikiert, dass durch das Herunterkühlen die aromatischen Feinheiten des Getränks verloren gehen. Geht es einem jedoch – etwa an einem heißen Sommertag – vor allem um die erfrischende Komponente des Whiskys, ist man mit einigen Eiswürfeln, die dazu noch etwas verdünnen, gut bedient. In diesem Fall sollte man jedoch nach Art des hartgesottenen Filmhelden auf einen dickwandigen Tumbler zurückgreifen.

> „Wenn mich jemand fragt, ob ich Wasser zu meinem Scotch möchte, antworte ich, dass ich durstig bin und nicht schmutzig."
>
> Joe E. Lewis, US-amerikanischer Sänger, Schauspieler und Komiker

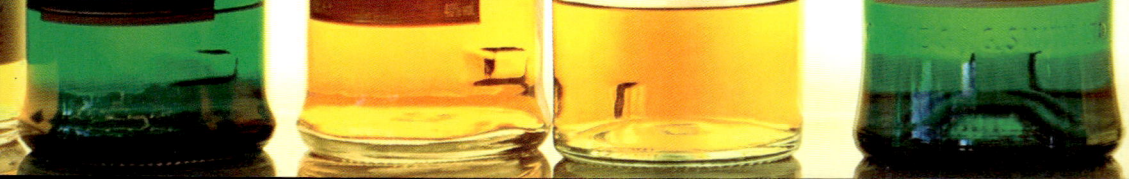

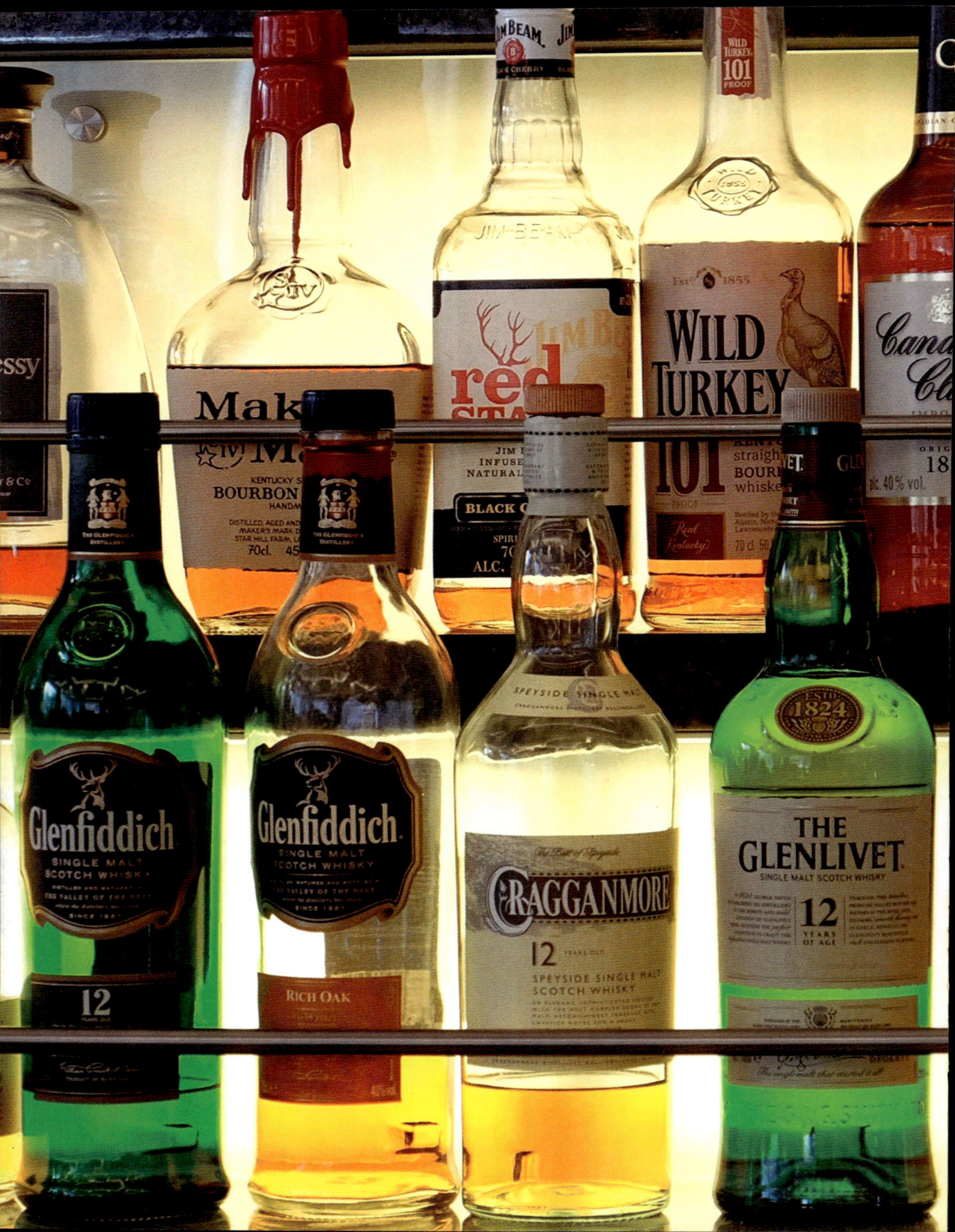
JIM BEAM
WILD TURKEY
101
PROOF
WILD TURKEY
101
BOURBON
70cl.
Glenfiddich
SINGLE MALT
SCOTCH WHISKY
12
Glenfiddich
SINGLE MALT
SCOTCH WHISKY
RICH OAK
SPEYSIDE SINGLE MALT
CRAGGANMORE
12
SPEYSIDE SINGLE MALT
SCOTCH WHISKY
1824
THE
GLENLIVET
SINGLE MALT SCOTCH WHISKY
12
YEARS
OF AGE

WHISKYPORTRÄTS

ABERLOUR

CHARLESTOWN OF ABERLOUR, SPEYSIDE, SCHOTTLAND

Nachdem die erste, 1826 von Peter Weir und James Gordon gegründete Destille namens Aberlour bei einem verheerenden Brand zerstört worden war, nahm sich der Bauernsohn James Fleming des Wiederaufbaus der Brennerei an, die bis 1974 unabhängig blieb, um dann in den Besitz von Pernod zu kommen. Inzwischen heißt der Konzern Pernod Ricard, und Aberlour gehört zur Whiskysparte Chivas Brothers.

Während es Pernod gelungen ist, das Image von Aberlour in Frankreich ganz gezielt aufzubauen und die Marke dort weit oben auf der Beliebtheitsskala rangiert, gilt sie im eigenen Land deutlich weniger. Hier besteht durchaus noch Entwicklungspotenzial.

Insgesamt sind die Single Malts von Aberlour aromatisch, nussig-weich und muskat-würzig und eignen sich damit besonders gut als Begleiter zum Dessert oder als Digestiv.

> **Aberlour Double Cask Matured 12 Years**
>
> **Aroma:** rund und weich, mit Noten von roten Äpfeln und einem Hauch Vanille
>
> **Geschmack:** feine Sherrynote, dazu Schokolade, Toffee, Zimt und Ingwer
>
> **Abgang:** warm und vollmundig, süß mit dezenten Gewürzaromen

Bei Aberlour setzt man auf Double-Cask-Reifung in Eichen- und Sherryfässern.

Im **12-jährigen Aberlour** zeigt sich eindrucksvoll, wie der säuerliche Zitruscharakter des Rohbrandes durch die doppelte Fassreifung abgetönt wird und sich mit den süßlichen Fassaromen zu einem ausgewogenen Ganzen vermählt. Begeistert aufgenommen wurde auch der 2000 eingeführte „a'bunadh", ein im Oloroso-Fass gereifter Aberlour in Fassstärke.

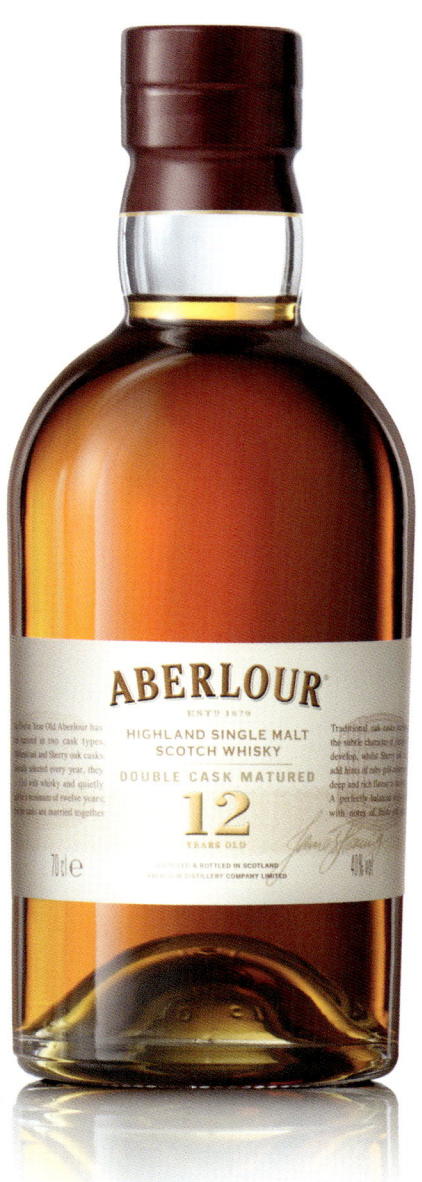

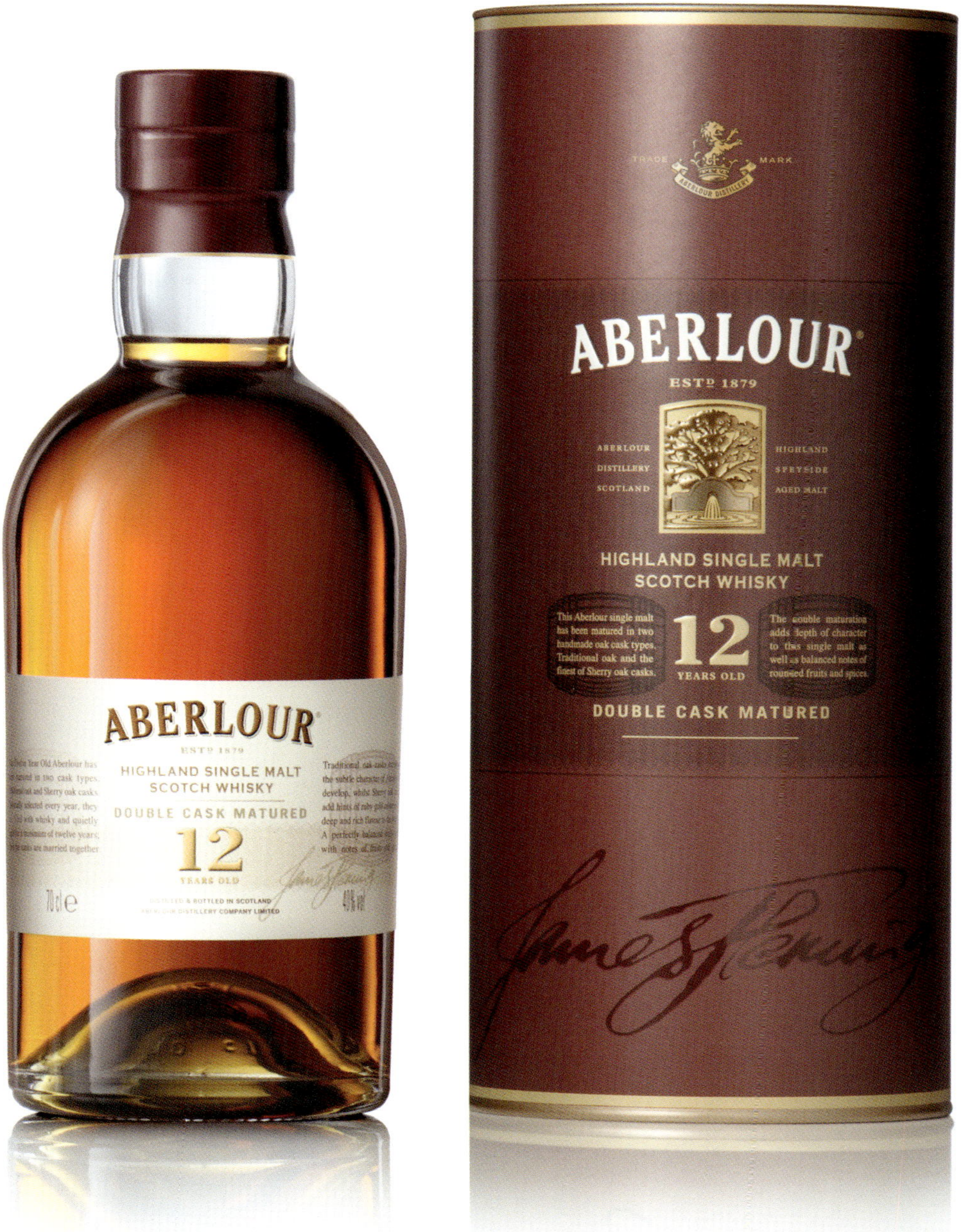
ABERLOUR
ESTD 1879
HIGHLAND SINGLE MALT
SCOTCH WHISKY
DOUBLE CASK MATURED
12
YEARS OLD
70 cl e
TRADE MARK
ABERLOUR DISTILLERY
ABERLOUR
ESTD 1879
ABERLOUR
DISTILLERY
SCOTLAND
HIGHLAND
SPEYSIDE
AGED MALT
HIGHLAND SINGLE MALT
SCOTCH WHISKY
This Aberlour single malt has been matured in two handmade oak cask types. Traditional oak and the finest of Sherry oak casks.
12
YEARS OLD
The double maturation adds depth of character to this single malt as well as balanced notes of rounded fruits and spices.
DOUBLE CASK MATURED

AMRUT

BANGALORE, INDIEN

Glaubt man den Zahlen, so ist Indien eine echte Whiskynation – kein Land produziert mehr Spirituosen, die unter der Bezeichnung „Whisky" verkauft werden, wobei viele dieser Produkte den strengen Whiskynormen in der übrigen nicht Welt standhalten würden, etwa solche, für die Melasse statt Getreide als Ausgangsprodukt verwendet wurde. Allerdings findet man die Mehrzahl dieser Brände ausschließlich in Indien, exportiert wird kaum.

Bei Amrut hingegen produziert man vor allem für den ausländischen Markt. Ursprünglich wurde die Brennerei 1948 gegründet, um das indische Militär mit günstigem Alkohol zu versorgen. Seitdem hat man in der Destillerie beständig an der Qualität der Brände gearbeitet, und heute können sie der internationalen Konkurrenz problemlos standhalten. Für die Whiskys „made in India" orientiert man sich bei Amrut an schottischen Vorbildern.

> **Amrut Indian Single Malt**
>
> **Aroma:** Lakritz, Bourbon, Honig, Toffee,
>
> **Geschmack:** Süße aus Gerste und Eiche, klassische Bourbonnoten, die durch die Gerste an Komplexität gewinnen
>
> **Abgang:** lang und seidig mit Toffee am Ende

Bei den Zutaten verlässt man sich auf getorftes Malz aus Schottland, das – und das macht das Besondere der Whiskys aus – mit indischer Gerste gemischt wird. Das Wasser kommt vom Fuße des Himalaja, und das tropische Klima schließlich begünstigt eine schnelle Reifung der in Eichenfässern lagernden Brände.

Standardabfüllung aus dem Kernsortiment mit getorften und ungetorften Single Malts und Fassstärken ist der komplexe und trotzdem milde **Amrut Indian Single Malt**.

ARDBEG

PORT ELLEN, ISLAY, SCHOTTLAND

Totgesagte leben länger – das könnte das Motto der Destillerie Ardbeg auf Islay sein. Ihre bewegte Geschichte beginnt im Jahr 1794 als Schwarzbrennerei, die allerdings bei einer Zollrazzia ausgehoben wurde.

Mit der Neugründung um 1815 schlug Ardbeg sich dann auf die Seite des Gesetzes. Gründervater der Traditionsdestillerie, die bis 1959 reines Familienunternehmen war, war John McDougall. Nach der vollständigen Übernahme durch Hiram Walker 1977 wurde die Brennerei im Frühjahr 1981 geschlossen und Ende 1989 wieder eröffnet, allerdings ohne Mälzerei. Im Sommer 1996 schloss Ardbeg erneut seine Pforten, um Anfang 1997 an McDonald & Muir zu gehen. Der Betrieb wurde im Sommer 1997 wieder aufgenommen.

Im Oktober 2004 schließlich wurde Glenmorangie plc, der Nachfolger von McDonald & Muir, und somit auch Ardbeg an Moët Hennessy Louis Vuitton S. A. (LVMH) verkauft.

Gegenwärtig befinden sich die torfig-medizinischen Islay-Malts von Ardbeg voll im Aufwind, und man greift dort gar nach den Sternen: Bis September 2014 durfte eine Ladung Ardbeg-Whisky, der nach dem Vater der modernen Astronomie benannte **Galileo Single Malt**, im Eichenfass bei Schwerelosigkeit auf der ISS reifen.

Ardbeg Galileo

Aroma: süßer Rauch, dezente hellrote Frucht, Eiche, Meeresbrise, Seetang, kalter Rauch, fruchtige Süße

Geschmack: Torf, fruchtige Süße, deutliche Eiche

Abgang: rauchig, mild und lang

Ardbeg Supernova

Aroma: Rauch, Vanille, Zitrusaromen, Teer, Seetang

Geschmack: Rauch, Teer, Pfeffer, ölig, cremig, zarte Bitterkeit, Zitrone, Minze

Abgang: lang, wärmend, süß, zarte Bitterschokolade, Bittermandel, Zitrusaromen

Der **Ardbeg Supernova Single Malt** ist exemplarisch für die ausgeprägten Raucharomen, die Whiskytrinker im Allgemeinen mit der Marke assoziieren, und einer der ersten No-Age-Statements der Destillerie. Bei dem 2014 erschienen handelt es sich um die dritte Auflage. Im Vergleich zu den ersten Abfüllungen, die in Bourbonfässer reiften, hat Ardbeg bei der 2014er-Auflage Sherryfass-Einwirkungen bestätigt. Von Whisky-Papst Jim Murray wurde der Supernova 2015 als bester Single Malt Scotch ohne Age Statement gekürt.

ARMORIK WARENGHEM

LANNION, BRETAGNE, FRANKREICH

Die Destillerie Warenghem wurde 1900 gegründet und befindet sich seit fünf Generationen in Familienbesitz, doch die Whisky-Geschichte des Unternehmens begann erst Jahrzehnte später, als man sich 1987 entschied, einen Blend namens WB – Whisky Breton aus 75 % Weizen- und 25 % Gerstenwhisky zu produzieren. Ein gutes Jahrzehnt später erblickte dann mit dem Armorik der erste bretonische Single Malt das Licht der Welt. Gebrannt wurde er nach schottischem Vorbild in kupfernen Pot Stills, und seine geschmackliche Nähe zum Scotch Single Malt ist, auch nach einer Rundumerneuerung in jüngerer Vergangenheit, unverkennbar – was eigentlich nicht wunder nimmt, fühlen sich die Bretonen mit ihren keltischen Wurzeln den Schotten und Iren doch traditionell nahe. So war der gälische Name für die Bretagne – Armorika – 1987 auch Vorbild bei der Namens-

> **Armorik Single Malt Classic**
>
> **Aroma:** üppig, elegant, Aromen von Haselnuss und geröstetem Toast
>
> **Geschmack:** unmittelbare intensive Fruchtigkeit, dann nach und nach Noten von Trockenfrüchten und Getreide, akzentuiert durch feine Gewürze
>
> **Abgang:** lang und anhaltend würzig, dazu eine salzige Meeresbrise

findung für den hochprozentigen Neuzugang in der Produktpalette von Warenghem.

Warenghem konzentrierte sich zunächst auf die Produktion junger Blends und Single Malts, doch David Roussier, Nachfolger des ehemaligen Geschäftsleiters Gilles Leizour und dessen Schwiegersohn, visiert mit seinem Armorik Single Malt

ganz klar das Premiumsegment an und hat die Produktion entsprechend umgestellt: Dank einer längeren Fermentation und modifizierter Brennblasen ist das Destillat nun schwerer und fruchtiger, und die Reifung der Brände erfolgt in Bourbon-Fässern der US-amerikanischen Traditionsbrennerei Buffalo Trace. Weiterhin reifen alle Whiskys der Brennerei in Lagerhäusern unweit der schönen Côte de Granit Rose, wo die Atlantikluft ihnen zu ihrem unverkennbar maritimen Charakter verhilft.

Inzwischen wird der Armorik in zwei Standardqualitäten neu abgefüllt: Mit dem **Armorik Single Malt Classic**, der aus leicht getorftem

---

Armorik Breizh

Aroma: lebhaft und duftend

Geschmack: nussig-cremig, mit Vanille- und Getreidenoten

Abgang: harmonisch mit dezenter Würze und maritimen Noten

Malz destilliert und nicht kaltgefiltert mit 46 Volumenprozent Trinkstärke abgefüllt wird, verfügt Warenghem in seinem Sortiment über einen klassisch fruchtig-maritimen Single Malt mit den Qualitäten eines echten Schotten, während der beerig-fruchtige Armorik Double Maturation, ein Single Malt de Bretagne, als echtes Kind seiner Heimat in Fässern aus bretonischer Eiche reift und dann für zwei Jahre in spanische Oloroso-Fässer wandert.

Weiterhin eine feste Größe im Kernsortiment ist der **Breizh**, ein gefälliger, eleganter Blend mit außergewöhnlich hohem Malt-Anteil (50 %). Was seinen Geschmack so besonders macht, ist der wie der Malt zweifach im Pot-Still-Verfahren gebrannte und dadurch außergewöhnlich gehaltvolle, aromatische Grain-Anteil. Komplettiert wird das Kernsortiment durch die einmal jährlich erscheinende Vintage-Abfüllung Millesime.

ARRAN

LOCHRANZA, ISLE OF ARRAN, SCHOTTLAND

Die Isle of Arran mit ihrem gebirgigen, zerklüfteten Norden und den sanften Hügeln und Wäldern im Süden gilt als Miniaturausgabe von Schottland. Zu Beginn des 19. Jahrhunderts bot die Insel vielen – vor allem illegalen – Brennereien eine Heimat, deren Malts seinerzeit als die besten Schottlands galten und sich auf dem Festland größter Beliebtheit erfreuten.

> ### Arran Single Malt 14 Years
>
> **Aroma:** zunächst Trockenfrüchte, Vanille und Toffee, mit Wasser leichte Salznoten und karamellisierte Früchte
>
> **Geschmack:** wärmend, Karamellnoten, Haselnüsse und dunkle Schokolade, Orangenschalen und Gewürzkuchen
>
> **Abgang:** Zimtaromen, Salznoten, dazu süße Früchte

Mit der Legalisierung der Whiskybrennerei verschwanden die Destillerien jedoch von der Landkarte, und 150 Jahre lang wurde auf Arran kein Whisky hergestellt. Dabei bietet die Insel ein optimales Mikroklima für die Whiskyproduktion: Meeresbrise und Bergluft sorgen für Frische, der Golfstrom für milde Temperaturen, in denen der Whisky besonders gut reift. Nicht zuletzt darum gründete Harold Currie, vormals Geschäftsführer von Chivas Brothers, wohl Anfang der 1990er-Jahre im Norden der Insel die Isle of Arran Distillery. Gebrannt wird dort seit 1995, der erste 3-jährige Single Malt kam 1998 auf den Markt. Eine besondere Ehre wurde Arran zuteil, als 1997 die Queen das Besucherzentrum eröffnete und auf der Rückreise auch noch zwei Fässer Arran für ihre Enkelsöhne im Gepäck hatte.

2006 kam der erste 10-jährige Single Malt heraus, der bis heute Herzstück des Arran-Sortiments und inseluntypisch mild und cremig ist. Eine etwas

Bekannt ist die Brennerei für ihre diversen Holzfinishs, die zunächst als Sondereditionen erschienen. Inzwischen gehören einige, etwa Port, Sauternes und Amarone, zum festen Programm. Einladung zu einem Tänzchen mit dem Teufel ist die dreiteilige Sonderedition **The Devil's Punch Bowl Single Malt**. Für Teil 2 der Trilogie, Angels & Devils, wurden Fässer aus den verstecktesten Winkeln der Warehouses verblendet und unverdünnt abgefüllt. Das Ergebnis: ein Spiel zwischen Licht und Dunkel – wie der Name schon verrät.

intensivere, fruchtigere Ausgabe des 10-Jährigen und dabei ungemein beliebt ist der vielfach ausgezeichnete **Arran Single Malt 14 Years**, der in First-Fill-Bourbon- und Sherryfässern reift und durch seinen charaktervollen Auftritt und seine Würze überzeugt. In besonderer Weise verbunden ist Arran dem schottischen Nationaldichter Robert Burns: Die Destillerie widmete ihm 2009 nicht nur eine Sonderabfüllung anlässlich seines 250. Geburtstags, sondern er ist als alterloser Single Malt und als Blend auch im permanenten Sortiment vertreten.

AUCHENTOSHAN

DALMUIR, LOWLANDS, SCHOTTLAND

Die 1823 gegründete Destillerie Auchentoshan ist die einzige schottische Brennerei, die ihren Whisky dreifach destilliert – ein Verfahren, das man spontan mit irischem Whiskey assoziiert, obwohl man früher auch in den Lowlands traditionell auf die Dreifach-Destillation setzte. Es ist unter anderem diesem Verfahren zu verdanken, dass die Whiskys von Auchentoshan besonders leicht und zart sind. Weiterhin trägt die Reifung in besten Eichenfässern maßgeblich zum weichen Charakter der Brände bei.

Auchentoshan kann auf eine bewegte Vergangenheit zurückblicken. Nach diversen Besitzerwechseln im 19. Jahrhundert blieb die Brennerei zwar von 1903 bis 1960 in Händen der Glasgower Brauerfamilie Maclachlan, wurde aber 1941 bei einem Luftangriff der Deutschen weitgehend zerstört, und etwa eine Million Flaschen Whisky gingen ver-

> **Auchentoshan Three Wood**
>
> **Aroma:** dunkle Früchte, Rosinen, brauner Zucker, Orange
>
> **Geschmack:** fruchtig und cremig, Haselnuss mit Anklängen von Zimt und Zitrone
>
> **Abgang:** lang, frisch und fruchtig

loren. Nach diversen weiteren Besitzerwech-seln erwarb Mitte der 1990er-Jahre der japanische Suntory-Konzern, der inzwischen mit der Beam-Gruppe zu Beam Suntory fusioniert ist, die Brennerei.

Auchentoshan verfügt über ein umfangreiches Stammsortiment. Der **Three Wood** ist ein komplexer Single Malt, der zunächst in Bourbon-, dann in Oloroso-Sherryfässern reift, um im Anschluss in Pedro-Ximénez-Sherryfässern veredelt zu werden, was ihm seine charakteristischen Toffee- und Sherrynoten verleiht.

BALLANTINE'S

CHIVAS BROTHERS, SCHOTTLAND

Ballantine's wurde 1827 von George Ballantine als Lebensmittel- und Spirituosenladen in Edinburgh gegründet. Später experimentierte Ballantine ausführlich mit Malt und Grain Whiskys, um einen Blend von gleichbleibender Qualität herzustellen. 1881 erfolgten die ersten Exporte dieses Blends. 1891 übernahmen Ballantines Söhne das Geschäft und wurden von Queen Victoria zu Hoflieferanten ernannt. Ihren internationalen Durchbruch feierte die Marke nach der Übernahme durch Hiram Walker Gooderham & Worts im Jahr 1937. Einen Höhepunkt in der Ballantine's-Geschichte markierte die Zuerkennung eines eigenen Wappens, das bis heute zusammen mit den Whisky-Grundzutaten auf jeder Flasche abgebildet ist.

In Großbritannien ist Ballantine's nur schwer zu finden, im restlichen Europa hingegen schätzt man ihn schon lange. Die über 40 Malt und Grain Whiskys für den Blend stammen aus den Whiskyregionen Islay und Inseln, Highland, Lowland und Speyside.

Für Furore sorgte Ballantine's erst unlängst, als Jim Murray Ballantine's Finest in seiner Whisky Bible zum besten Standard-Scotch-Blend ohne Age Statement kürte, und den Ballantine's Limited Release no. J13295 noch dazu als besten Premium-Scotch-Blend ohne Altersangabe.

Ballantine's Finest ist ein süßer, weicher Blend, der seine Schokoladen-, Vanille- und Apfelnoten den Speyside Malts verdankt.

Ballantine's Finest

Aroma: Honig, Vanille, Karamell, Trockenfrüchte

Geschmack: Milchschokolade, roter Apfel, würzige Eichenaromen

Abgang: mittellang, frisch und blumig, dezente Torfnoten sowie Anklänge von Vanille

THE BALVENIE

DUFFTOWN, SPEYSIDE, SCHOTTLAND

Gründer von The Balvenie war 1892 Glenfiddich-Gründer William J. Grant; erstmals Whisky gebrannt wurde dort 1893. Glenfiddich ist nur einen Steinwurf entfernt, und beide Brennereien gehören bis heute William Grant & Sons Ltd. Sie arbeiten in bestimmten Bereichen zusammen und beide Destillerien beziehen ihr Wasser aus derselben Quelle. Ihre Whiskys sind dennoch ganz unterschiedlich. Während der Balvenie süß und malzig schmeckt, ist der Glenfiddich fruchtig und blumig.

Balvenie verfügt noch über eine eigene Mälzerei. Aufgrund ihrer im Vergleich zu Glenfiddich geringen Größe zeigt die Destillerie sich gerne experimentierfreudig und legt häufiger kleine Serien auf. Dazu gehört

> **The Balvenie DoubleWood 12 Years**
>
> **Aroma:** Noten von frischen Früchten und Sherry, dazu Honig und Vanille
>
> **Geschmack:** glatt und geschmeidig, nussig-süß, Zimt- und Sherrynoten
>
> **Abgang:** lang anhaltend und leicht süßlich

auch der Balvenie Single Barrel First Fill Aged 12 Years, erschienen in 300er-Auflage und zusammengestellt ausschließlich aus Fässern, die in Süße und Eichen-Vanille-Aroma überzeugten.

Der im Sherryfass gereifte Balvenie Classic war wohl das erste Fassfinish überhaupt und unmittelbarer Vorreiter des **12-jährigen Double-Wood**, der im Reifungsprozess vom klassischen Whisky-Eichenfass in ein europäisches First-Fill-Sherryfass umzieht.

THE BELGIAN OWL

GRÂCE-HOLLOGNE, BELGIEN

2004 war das Geburtsjahr von The Belgian Owl: Am 29. Oktober füllte „Projektvater" Etienne Bouillon das in ein Fass ab, was drei Jahre später ein Belgian Single Malt Whisky werden sollte. Mitstreiter an Bouillons Seite waren und sind Landwirt Pierre Roberti, der The Belgian Owl mit Gerste versorgt, und Betriebswirt Christian Polis.

Bouillon liegt die Kunst des Destillierens im Blut: Er ist Spirituosenbrenner in fünfter Generation. Sein Whiskywissen hat er sich direkt in Schottland bei Bruichladdich-Brennmeister Jim McEwan erworben. Die Whiskys von The Belgian Owl sind jedoch von A bis Z ein belgisches Produkt. Bouillon interessiert sich vor allem dafür, wie sein Whisky sich während der Lagerung entwickelt, und darum füllt er ihn auch in verschiedenen Altersstufen ab. So hat die Brennerei nicht nur einen fertig gereiften Single Malt im Sortiment, sondern auch einen blumig-fruchtigen New Make sowie jeweils einen 1- und 2-Jährigen. Dazu kommt noch ein Single Cask in Fassstärke.

Ungeachtet der noch jungen Brennereigeschichte ist ihr ungetorfter **Single Malt** bereits hoch dekoriert. Der in First-Fill-Fässern von Heaven Hill gereifte, mit 46 Volumenprozent Alkohol abgefüllte Brand gilt unter Fachleuten vielfach als junger Wilder, der noch von sich reden machen wird.

The Belgian Owl Single Malt Classic

Aroma: milde Fruchtnote, gefolgt von blumigen Aromen und exotischen Anklängen

Geschmack: wie auch in der Nase fruchtig-blumige Aromen mit Entwicklung zu Noten von Zitronenvanillecreme, Apfelgelee, Ingwerkonfitüre und weiteren Exoten

Abgang: recht lang, mit Vanille-Anklängen und vollmundig verhallenden reifen Früchten

BENRIACH

ELGIN, SPEYSIDE, SCHOTTLAND

Nach ihrer Gründung 1898 wurde die Destillerie Benriach schon im gleichen Jahr von der Konkurrenzbrennerei Longmorn übernommen, um nur zwei Jahre später vom Großproduzenten Pattison mit in die Pleite gerissen zu werden. Longmorn nutzte zwar die Mälzböden weiter, doch die Brennerei eröffnete erst mit dem Kauf durch die Glenlivet Group 1965 wieder, mit der sie 1978 wiederum an den kanadischen Konzern Seagram ging. Nach der Fusion mit Chivas Brothers gehörte BenRiach dann zu Pernod Ricard – und wurde 2002 erneut geschlossen.

Die Wende kam 2004 mit der Gründung von The BenRiach Distillery Company durch Ex-Burn-Stewart-Direktor Billy Walker sowie Geoff Bell und Wayne Keiswetter. Die Stärke von BenRiach liegt in der Vielseitigkeit der anspruchsvollen Palette. Neben der Flagship-Range im traditionellen fruchtig-floralen Speyside-Stil findet man getorfte BenRiachs, weiterhin Super Premium und Special Releases mit exklusiven Vattings aus den bis in das Jahr 1966 zurückreichenden Lagerbeständen, Standard-Holzfinishes, weiterhin getorfte Malts mit speziellen Finishes und schließlich außergewöhnliche limitierte Single-Cask-Abfüllungen.

Der hoch dekorierte **12-Jährige aus der Flagship-Range** ist ein ungewöhnlich leichter, vollmundiger Speyside-Malt mit deutlichen Heidekraut-, Honig- und Fruchtaromen.

BenRiach Single Malt 12 Years

Aroma: Honig, Vanille, süße Früchte mit ausgewogenen Holznoten

Geschmack: mittlerer Körper, weiterhin Vanille und Honig, im Hintergrund Gewürze und ein Hauch dunkle Schokolade

Abgang: kurz bis mittellang

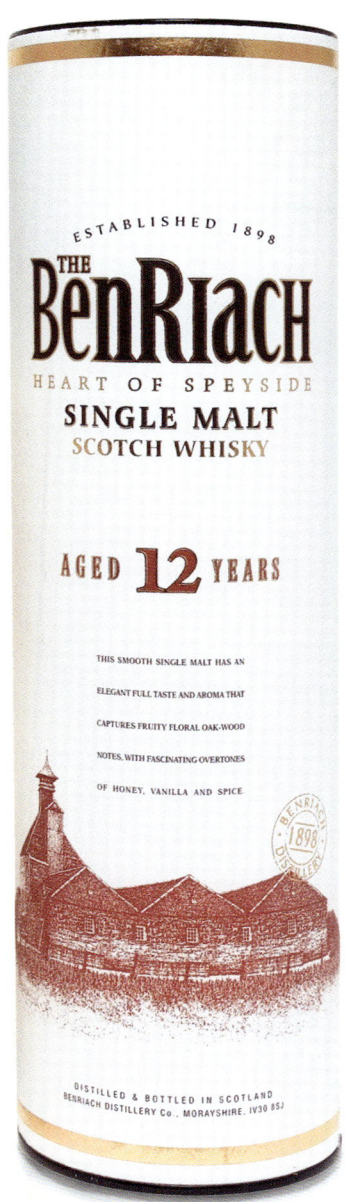

BENROMACH

FORRES, SPEYSIDE, SCHOTTLAND

Wie so viele Speyside-Brennereien wurde Benromach im Zuge des Whiskybooms Ende des 19. Jahrhunderts gegründet, musste aber aufgrund der bald herrschenden Überproduktion schon kurz nach der Eröffnung wieder schließen. Nach zahlreichen Besitzerwechseln in der ersten Hälfte des 20. Jahrhunderts wurde Benromach Mitte der 1950er-Jahre schließlich von der Distillers Company Ltd (DCL) übernommen, um 30 Jahre später erneut wegen Überproduktion stillgelegt zu werden. Dann kaufte der unabhängige Abfüller Gordon & McPhail die Destillerie und entwickelte in Anlehnung an andere Speyside-Whiskys aus den 1960ern ein neues Profil für den Benromach. Anders als die heute üblicherweise nur leicht getorften Speyside Single Malts haben die neuen Whiskys der Brennerei einen recht ausgeprägten Rauchstil.

Der neue **10-jährige Benromach** wurde anlässlich des 10. Geburtstags der Brennerei aufgelegt. Er besteht zu 80 % aus Whiskys, die in Bourbonfässern gelagert wurden, die restlichen 20 % kommen aus Sherryfässern. Zu der typisch floralen Speyside-Note gesellt sich ein rauchiger Ton.

Nach Aussagen von Benromach werden alle Whiskys ausschließlich aus Bio-Gerste hergestellt, und im Programm ist mit dem Benromach Organic sogar ein Single Malt, der von A bis Z nach ökologischen Standards hergestellt wurde und bei Markteinführung erster Bio-Whisky überhaupt war.

Benromach Single Malt 10 Years

Aroma: Sherry, Nussschokolade, grüne Äpfel, dezenter Torfrauch

Geschmack: malzig und cremig, Sherrynoten, Brombeeren, leicht torfig

Abgang: mittellang und kräftig

DIE BLAUE MAUS

EGGOLSHEIM, DEUTSCHLAND

Die Blaue Maus ist ein echter Familienbetrieb. Angefangen hat alles 1923 mit einem Lebensmittel- und Tabakwarenladen, 1980 wurde dann die Branntweinbrennerei eingerichtet. Bis zum ersten, nur sehr bedingt erfolgreichen Versuch, Pure Malt Whisky herzustellen, sollte es noch drei weitere Jahre dauern, und noch einmal 13 Jahre, nämlich bis 1996, bis die Produktion in den Verkauf gehen konnte.

Die Blaue Maus, der „Premierenwhisky" der Brennerei, hieß übrigens nicht von Geburt an so, sondern kam als Piratenwhisky zur Welt. Der Name jedoch gefiel einem Gast im Lokal der „Blauen Maus" nicht. So taufte das Thekenplenum den Whisky spontan in Glen Mouse um, und der zweite Haus-Malt wurde zu Glen Blue. Allerdings nicht für lange: Die schottischen Whiskybrenner, vertreten durch ihren Dachverband, die Scotch Whisky Association, befürchteten, man könnte den frän-kischen Whisky aufgrund des „Glen" im Namen für Scotch halten, und sie beantragten die Löschung der eingetragenen Warenzeichen. Dieser Übermacht musste sich die Blaue Maus letztlich beugen – Whisky wird dort trotzdem weiter gebrannt.

Inzwischen wird in ganz Deutschland nach schottischem Vorbild destilliert, doch Robert Fleischmann

Blaue Maus Single Cask Malt Whisky

Aroma: intensiv, karamellisierte Banane, etwas Haselnuss-Nougat, Honigkuchen, Vanille, Malztöne, dezenter Rauch

Geschmack: cremig, erst am Gau-men spürbarer Einfluss des Holzes, Schokolade mit getrockneten Ananas- und Bananenstücken, getrocknete Beeren, leicht pfeffrig, karamellisierte Gewürze, nussig, Vanille

Abgang: cremig, mit lang anhaltenden Gewürznoten

BLAUE MAUS
SINGLE CASK MALT WHISKY

Mit viel Liebe, Sorgfalt, Geduld
und jahrzehntelanger Erfahrung
destillieren wir unsere Whiskys auf
altbewährte Art und Weise. Durch
die Verwendung von verschiedenen
heimischen Malzsorten entwickelt
ein jeder Whisky seinen eigenen
Charakter und Jahrgangsreiz.

This malt whisky has
been maturing in
German oak casks.

Fam. Fleischmann

0,7 L   40% VOL.
DEUTSCHES ERZEUGNIS

Seute Deern

SINGLE CASK MALT WHISKY

Mit viel Liebe, Sorgfalt, Geduld
und jahrzehntelanger Erfahrung
destillieren wir unsere Whiskys auf
altbewährte Art und Weise. Durch
die Verwendung von verschiedenen
heimischen Malzsorten entwickelt
ein jeder Whisky seinen eigenen
Charakter und Jahrgangsreiz.

This malt whisky has
been maturing in
German oak casks.

Fam. Fleischmann

0.7 L   40% VOL.
DEUTSCHES ERZEUGNIS

kann sich rühmen, mindestens einer der ersten im Lande gewesen zu sein, der sich an einem Malt versuchte. Und seinen Ritterschlag von Whiskypapst Jim Murray hat er auch erhalten. Der adelte nämlich 2013 den Austrasier Single Cask Malt Whisky des Franken mit 95,5 von 100 Punkten.

Die Blaue Maus produziert hauptsächlich Single Cask Whiskys. Dabei handelt es sich bis auf den schon erwähnten Austrasier ausschließlich um Malts. Sein Malz bezieht das Unternehmen von heimischen Mälze-

reien, gelagert werden die Brände sechs bis acht Jahre in großen Eichenfässern.

Stamm- und Standardwhisky des inzwischen gewachsenen Fleischmann-Sortiments ist die schon oben erwähnte **Blaue Maus**, gewissermaßen das Original, mit dem alles anfing. Charakteristisch für diesen Single Cask Malt, der in Fässern aus deutscher Stieleiche reift, sind seine Cremigkeit und sein mildes, rundes Geschmacksbild.

Zur Blauen Maus haben sich im Laufe der Zeit allerlei Spezialitäten gesellt, deren Namen eher vermuten lassen, die Brennerei befände sich an der Nordseeküste. Doch mit Spinnaker, Mary Read und Co. erinnert der Franke Fleischmann an seine Jahre bei der Marine, und auch die Einrichtung des Destillerie-Restaurants spricht von seiner Liebe zur See. Hinter der **Seuten Dern** verbirgt sich ein echter Weihnachtswhisky mit kräftigen Gewürzaromen, der an Eisblumen am Fenster, knisterndes Kaminfeuer und das Christkind vor der Tür denken lässt.

Seute Dern Single Cask Malt Whisky

Aroma: Lebkuchen mit Milchschokoladen-Glasur, Weihnachtsgewürze, Trockenfrüchte

Geschmack: wieder Lebkuchen in Kombination mit Gewürzen, Trockenfrüchte, Waldhonig, dezente Röst-, Schokoladen- und Vanillenoten

Abgang: lang anhaltend, mit süßen Trockenfruchtnoten, die sich zu einer leichten Bitternote entwickeln, wie man sie etwa von dunkler Schokolade kennt

BRUICHLADDICH

PORT CHARLOTTE, ISLAY, SCHOTTLAND

Die Brennerei Bruichladdich entstand im Auftrag der Glasgower Brennerfamilie Harvey auf dem Reißbrett. Bei der Eröffnung 1881 war die Anlage State of the Art, und viele Teile sind bis heute in Gebrauch. Nach der Stilllegung der Brennerei von 1929 bis 1936 und diversen Besitzerwechseln ruhte der Betrieb von 1993 bis 2000 erneut, dann kaufte eine unabhängige Investorengruppe die Brennerei. 2012 erfolgte der überraschende Verkauf der Brennerei, die stets großen Wert auf ihre Unabhängigkeit gelegt hatte, an Rémy Martin.

Bruichladdich produziert seine Whiskys mit Islay- und Bio-Gerste. Die hohen Brennblasen mit schlanken Hälsen sorgen für reine, elegante Brände, die ihre Reifezeit in Eichen- und Sherryfässern verbringen. Seit 2003 verfügt Bruichladdich über eine eigene Abfüllanlage, sodass von A bis Z auf der Insel produziert werden kann.

Das Standardsortiment umfasst die ungetorften Bruichladdich-, die getorften Port-Charlotte-und die extrem getorften Octomore-Whiskys.

Standardabfüllung der ungetorften Bruichladdich-Reihe ist der **Classic Laddie Single Malt**, der im Eichenfass reift und durch florale Noten und ein komplexes Aromaspiel begeistert.

Was in den einzelnen Auflagen der limitierten Black-Art-Reihe steckt, weiß nur der Master Distiller.

The Classic Laddie

Aroma: zunächst süße Gerste und etwas Minze, dann frisch geschnittene Wildblumen, karamellisierte Früchte, Zitronensaft und Honig

Geschmack: süße Eiche, Gerste, ein Hauch prickelnde atlantische Frische, grüne Früchte, brauner Zucker, Malz

Abgang: lang und wärmend

CHLADD

PROGRESSIVE HEBRIDEAN

THE
CLASSIC
LADDIE
SCOTTISH BARLEY

THE HEART AND SOUL
OF BRUICHLADDICH.

MADE USING 100%
SCOTTISH GROWN BARLEY.
TRICKLE DISTILLED, THEN
MATURED FOR THE ENTIRE
LIFE OF THE SPIRIT BY
ATLANTIC SHORES OF
LOCHINDAAL IN HIGH SEAM
AMERICAN AND FRENCH
OAK. IT IS A TRIBUTE
TO THE QUALITY OF OUR
INGREDIENTS, PRODUCED
UN-CHILL FILTERED FREE FROM THE
THE BARLEY MALT, THE
OILS AND EXTRACTS FROM
THE BARLEY SINGLE MALT
WHISKY UNHURRIED AND
BOTTLED ON THE FREE
FREE AT NO.4 USING
LOCAL PURE SPRING
WATER.

PROVENANCE, AUTHEN-
TICITY, TRACEABILITY.
THIS IS WHAT WE STAND
FOR. BUILT IN 1881 BY
THE HARVEY BROTHERS,
BRUICHLADDICH WAS
RADICALLY AVANT-
GARDE. CONCEPTUALLY
BRILLIANT AND
METICULOUSLY IMPLE-
MENTED. BY GLORIOUS
CHANCE THE PEERLESS
VICTORIAN EQUIPMENT
HAS SURVIVED ALMOST
INTACT, OFFERING US A
UNIQUE OPPORTUNITY TO
CREATE OUR ARTISANAL,
HAND-CRAFTED SINGLE
MALTS.

IF WE ARE TO MAKE THE
BEST WHISKY WE MUST
START WITH THE BEST
INGREDIENTS. OUR
BARLEY VARIETIES ARE
GROWN IN SCOTLAND.
ALWAYS. THIS IS NO
MERE COMMODITY IT IS
OUR LIFEBLOOD. OUR
FARMERS ARE OUR PART-
NERS. NOT SUPPLIERS.
THEY TELL US ABOUT
THE SOIL, THE DRAINAGE
THE WIND, THE ASPECT.
THE MICRO-CLIMATE OF
EVERY FIELD.

UNPEATED
ISLAY SINGLE MALT
SCOTCH WHISKY

DISTILLED, MATURED AND BOTTLED.
UN-CHILL FILTERED AND COLOURING-FREE
AT BRUICHLADDICH DISTILLERY, ISLE OF ISLAY.
SCOTLAND.
PRODUCT OF SCOTLAND.

PROGRESSIVE HEBRIDEAN
DISTILLERS

BRUICHLADDICH

THE
CLASSIC
LADDIE
SCOTTISH BARLEY

UNPEATED
ISLAY SINGLE MALT
SCOTCH WHISKY

IT IS OUR MISSION TO
PURSUE THE ULTIMATE
PEDIGREE. PROVENANCE
AND TRACEABILITY OF
OUR RAW MATERIALS –
CHIEF OF WHICH IS OUR
BARLEY – AND TO PUSH
THE BOUNDARIES OF THE
CONCEPT OF TERROIR IN
ARTISANAL SINGLE
MALT WHISKY.

DISTILLED, MATURED AND BOTTLED.
UN-CHILL FILTERED AND COLOURING-FREE
AT BRUICHLADDICH DISTILLERY,
ISLE OF ISLAY, SCOTLAND.
PRODUCT OF SCOTLAND.

700 mL ℮
50 % alc./vol.

75

BUNNAHABHAIN

PORT ASKAIG, ISLAY, SCHOTTLAND

Im Falle von Bunnahabhain wurde die Destillerie nicht nach ihrem Standort auf der Insel Islay benannt, sondern das kleine Dörfchen Bunnahabhain entstand im Laufe der Zeit rund um die gleichnamige Brennerei. Nachdem James Ford, James Greenlees und William Robertson die Brennerei 1881 an der Mündung des Margadale – Bunnahabhain bedeutet „Mündung des Flüsschens" – ganz im Norden von Islay gegründet hatten, begann die Produktion 1883 mit reinstem Wasser aus dem Margadale und erstklassigem Torf. 1887 ging Bunnahabhain in den Besitz von Highland Distilleries über, um 1999 in der Edrington Group aufzugehen. Als 2003 die Schließung drohte, kaufte Burn Stewart die Traditionsbrennerei.

Bunnahabhain-Whiskys gelten traditionell als eher islay-untypisch: Sie sind nur leicht getorft und schmecken kaum medizinisch, sondern weich und fruchtig. Allerdings

> **Bunnahabhain 12 Years**
>
> **Aroma:** frisch, mit leichten Torfnoten und dezentem Rauch
>
> **Geschmack:** leicht, mit einem Hauch von Früchten und Nüssen, dann malzige Süße
>
> **Abgang:** vollmundig, lang anhaltend und süß

werden inzwischen unter der Leitung von Burn Stewart auch torfigere Abfüllungen produziert, weil die Nachfrage steigt. Ausdruck dieser neuen Strategie ist zum Beispiel der Toiteach – „toiteach" bedeutet „rauchig" in schottischem Gälisch –, der sich durch ausgeprägte Torfnoten auszeichnet.

Der **12-jährige Single Malt von Bunnahabhain**, die Standardabfüllung der Destillerie, ist nicht kaltfiltriert, sodass die Malzaromen sich voll entfalten können. Die aktuelle Abfüllung hat beachtliche 46,3 Volu-

menprozent Alkohol, etwas stilles Wasser schadet dem Whisky also gar nicht. Auf der Flasche ist, wie auf allen Abfüllungen der Brennerei, der Kopf eines Seemanns abgebildet, und das nicht ohne Grund: Bunnahabhain war die erste Brennerei, die die Seefahrer bei der Rückkehr in ihre Heimat sahen.

Bunnahabhain 18 Years

Aroma: Nüsse, Honig, Toffee, Leder und Eiche

Geschmack: Nüsse, dazu Sherrynoten und Eichenaromen

Abgang: Gewürze, viel Sherry, salzige Schärfe

Bunnahabhain gibt es schon recht lange als Single Malt, doch er hat sich im Stil deutlich gewandelt: Früher kam das Wasser für den Whisky unmittelbar aus dem Flüsschen Margadale und war daher leicht torfig, was sich natürlich auch auf den Geschmack des Brandes auswirkte. Dann allerdings begann man, Wasser direkt aus Quellen aus den nahe gelegenen Bergen in die Brauerei zu leiten und damit zu brennen, was den klassischen Bunnahabhain-Whiskys ihren islay-untypischen, sanften Charakter verleiht.

Auch der beliebte **18-jährige Bunnahabhain Single Malt** bleibt dem traditionellen Stil der Brennerei in seiner jüngsten Auflage treu. Ebenso wie der 12-Jährige hat er stattliche 46,3 Volumenprozent Alkohol und ist weder kaltfiltriert noch gefärbt. Im Geschmack unterscheidet er sich nicht wesentlich von früheren Abfüllungen, doch der hohe Alkoholgehalt verhilft den Aromen zu einem nachdrücklicheren Auftritt.

BUFFALO TRACE

FRANKFORT, KENTUCKY, USA

Die Geschichte der Buffalo Trace Distillery in Frankfort, der Hauptstadt von Kentucky, reicht mindestens bis in das Jahr 1787 zurück, als von dort bereits Whisky nach New Orleans verschifft wurde. Ursprung des Brennereinamens ist der Great Buffalo Trace, der Büffelpfad, über den einst eine der großen Büffelherden ihren Weg über die grasbedeckten Ebenen des amerikanischen Kontinents nahm. Eine durchgängige Produktion lässt sich ab 1858 nachweisen, und selbst während der Prohibition musste die Brennerei, damals unter dem Namen Geor-

ge T. Stagg, ihre Pforten nicht schließen, denn sie gehörte zu den sechs lizenzierten Destillerien, die medizinischen Alkohol für Apotheken herstellen durften, der, glaubt man dem

> ### Sazerac Rye 18 Years
>
> **Aroma:** üppig und würzig, Noten von Eiche, Leder und Sirup
>
> **Geschmack:** süßer Toffee, dunkle Schokolade, Spuren von Datteln, Taback, dunkle Beeren, Minze, Kaffee
>
> **Abgang:** lang und warm, mit Minze, Eukalyptus, Zimt, Vanille, Sirup, Eiche

hohen Bedarf – rd. eine Million Flaschen im Jahr 1925 –, offensichtlich
sehr wohltuend war. Nach Ende des
Alkoholverbots konnte Stagg schnell
wieder auf dem Markt Fuß fassen,
und 1939 hatte die Brennerei um ca.
1.000 Angestellte. In der Folge erlebte das Unternehmen recht schwere
Zeiten, und der Umbennenung in
Buffolo Trace Distillerie nach einer
umfangreichen Renovierung 1999
sollten diverse Besitzer- und Na-
menswechsel vorausgehen. Aktuel-
ler Eigentümer von Buffalo Trace ist
das Familienunternehmen Sazerac.

2013 wurde die Buffalo Trace Distillery eine ganz besondere Auszeichnung zuteil, als das US-Innenminis-
terium die Brennerei zur National
Historic Landmark erklärte. Dieser
Titel wird unter anderem vergeben,
um die Bedeutung eines Ortes für
die amerikanische Geschichte oder
den American Way of Life hervorzu-
heben.

Doch die Brennerei ist nicht nur ein
Meilenstein der US-amerikanischen
Geschichte, sondern sie hat auch einen herausragenden Stellenwert in
der Welt des Whiskys. Sie produziert

> ### Buffalo Trace Bourbon
>
> **Aroma:** süß und leicht, Vanille,
> Minze, Zitrusfrüchte
>
> **Geschmack:** großer Auftritt
> mit etwas Eiche und deutlichen
> Spuren von Roggen, Banane
> und Toffee
>
> **Abgang:** lang und glatt, mit
> schwerer Tiefe

eine Reihe von sehr berühmten und
hoch dekorierten Bourbons – z.B.
Van Winkle, W.L. Weller, George T.
Stagg oder Eagle Rare –, und der
**Sazerac Kentucky Straight Rye 18
Years** brachte es in Jim Murrays
Whisky Bible 2015 in der Gesamt-
wertung für die Finest World Whis-
kies auf Platz 3.

Auch der **Buffalo Trace Kentucky
Straight Bourbon**, Herzstück der
Destillerie-Palette, konnte Jim Murray 93,5 Punkte entlocken, was man
leicht nachvollziehen kann, wenn
man seine herrliche gold-gelbe Farbe betrachtet, die seine aromatisch
Vielfalt bereits erraten lässt. Endgültig überzeugt ist man wohl,
wenn einem seine herrlichen Vanillenoten in die Nase steigen.

BUSHMILLS

ANTRIM, NORDIRLAND

Bushmills ist in vielerlei Hinsicht eine bemerkenswerte Brennerei, deren Geschichte bis ins 17. Jahrhundert zurückreicht: 1608 erteilte König Jakob I. dem Großgrundbesitzer Sir Thomas Phillips eine Brennlizenz. 1784 wurde Bushmills offiziell als Brennerei registriert, und als Mitte des 19. Jahrhunderts eine Vielzahl irischer Brennereien vor der neuen Malzsteuer kapitulierte und ihre Whiskeys mit einem Anteil ungemälzter Gerste brannte, blieb man bei Bushmills hartnäckig und der alten Rezeptur treu. Von 1880 bis 1900 erlebte Bushmills goldene Jahre mit zahllosen Auszeichnungen, unter anderem einer Goldmedaille bei der Internationalen Weltausstellung 1889 in Paris. Auf dieser Erfolgswelle konnte auch ein Großbrand im Jahr 1885 die Destillerie nicht in die Knie zwingen. Einem Geschäftsmann aus Belfast ist es zu verdanken, dass Bushmills auch das Ende der Prohibition nicht verschlief. Er hatte die Destillerie zehn

> **Bushmills 10 Years**
>
> **Aroma:** leichte Süße von Honig und reifen Früchten
>
> **Geschmack:** malzig-süß mit einem Hauch Vanille
>
> **Abgang:** lang, frisch und trocken

Jahre zuvor gekauft und war, anders als das Gros der irischen Whiskeyproduzenten, gerüstet für die neuerliche Öffnung des amerikanischen Marktes. Nach der Zwangspause des Zweiten Weltkriegs erlebte Bushmills in den 1950er- und 1960er-Jahren vor allem in den Vereinigten Staaten einen Boom. 2008 konnte man bei Bushmills auf eine 400-jährige Brenntradition zurückblicken, was dann 2009, mit einem Jahr Verspätung, unter der Ägide des aktuellen Besitzers Diageo, auch gefeiert wurde.

Heute ist Bushmills die einzige noch produzierende Brennerei in Nord-

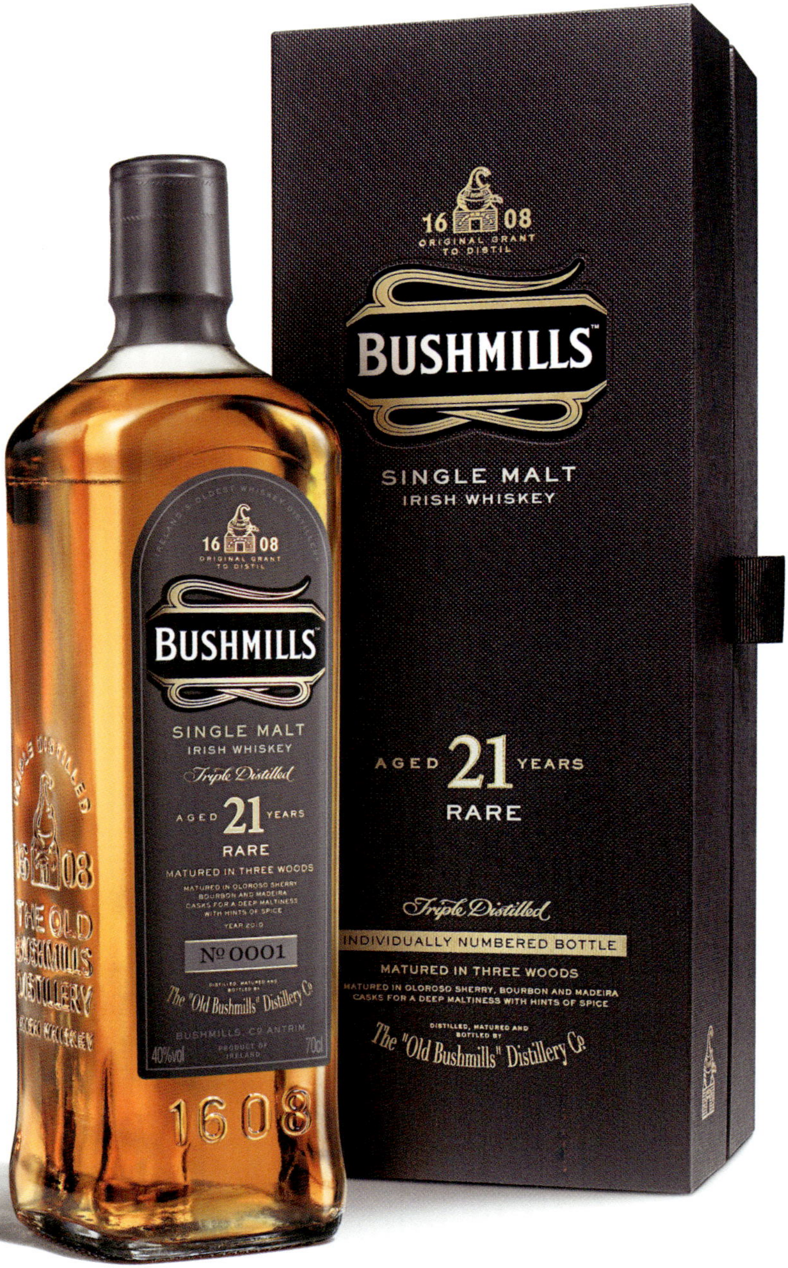

16 08
ORIGINAL GRANT
TO DISTIL
BUSHMILLS
SINGLE MALT
IRISH WHISKEY
Triple Distilled
AGED 21 YEARS
RARE
MATURED IN THREE WOODS
№ 0001
The "Old Bushmills" Distillery Co
BUSHMILLS, CO ANTRIM
40%vol
70cl
1608
INDIVIDUALLY NUMBERED BOTTLE
MATURED IN OLOROSO SHERRY, BOURBON AND MADEIRA
CASKS FOR A DEEP MALTINESS WITH HINTS OF SPICE
DISTILLED, MATURED AND
BOTTLED BY

Der **Bushmills Single Malt 10 Years** ist dreifach gebrannt und torffrei. Rauch schmeckt man also nicht. Nach zehn Jahren Reifung in Sherry- und Bourbonfässern entwickelt er ein sehr harmonisches Zusammenspiel der verschiedenen Aromen und ist damit ein klassischer Vertreter der irischen Malts, der Neulingen einen guten Einstieg in die Geschmackswelten der Whiskeys von der grünen Insel bietet.

Eine Rarität ist der herrlich weiche **Bushmills Single Malt 21 Years**, der zunächst 21 Jahre in Sherry- und Bourbonfässern gereift ist, um eine zweijährige Nachreifung in alten Madeirafässern zu absolvieren. Das Ergebnis ist höchst außergewöhnlich und besticht durch sein komplexes Aroma mit Trauben, Honig, dunkler Schokolade und seltenen Gewürzen.

irland, dafür aber besonders schön anzusehen mit ihren Pagodendächern, die an die schottischen Destillerien erinnern. Und dazu rühmt sie sich auch noch eines eigenen Hausgeistes mit Namen Grey Lady. Das alles und die Tatsache, dass man dort tatsächlich noch zusehen kann, wie Whiskey produziert wird, lockt inzwischen jährlich rd. 120.000 Besucher.

Bushmills selbst produziert ausschließlich Malt Whiskey, der Grain Whiskey für die Blends kommt von Midleton. Bushmills-Whiskeys sind bekannt für ihre Sanftheit und eine malzige Süße, typisch sind Vanille-, Honig- und Sherryaromen.

CANADIAN CLUB

WINDSOR, ONTARIO, KANADA

Den Grundstein für den Erfolg von Canadian Club, den Klassiker aus dem Sortiment des heute weltweit aktiven Getränkekonzerns Hiram Walker, legte 1858 ein Getreidehändler und Whiskyblender aus Detroit gleichen Namens, der zukünftig Whisky nicht mehr nur verschneiden, sondern selbst produzieren wollte. Angesichts der erstarkenden Enthaltsamkeitsbewegung in den USA entschied er, dies auf der kanadischen Seite des Detroit-Rivers zu tun. Bald erfreute sich sein Whisky in weiten Teilen der kanadischen Bevölkerung großer Beliebtheit, während er in den USA zunächst ausschließlich in gehobenen Gentlemen's Clubs ausgeschenkt wurde, was ihm den Namen Club Whisky einbrachte. Das „Canadian" kam hinzu, als die amerikanische Regierung vorschrieb, dass auf allen Whiskys das Erzeugerland angegeben werden müsse. Während der Prohibition stammten 75 % der in den USA verzehrten Spirituosen aus Kanada.

> ### Canadian Club
> ### Premium Extra Aged
>
> **Aroma:** frisch und mild, nussige Mandel, leicht pfeffrig
>
> **Geschmack:** pikant und spritzig, Eichen- und Vanillearomen, angenehme Süße
>
> **Abgang:** lang, sauber und trocken, mit dezenten Eichennoten

Die Beliebtheit des geschmeidigen Blends, dessen Bestandteile bereits im Fass vermählt werden, beruht bis heute auf dem typisch kanadischen Whiskystil: leicht, erfrischend und gefällig. Flagschiff des Sortiments ist der seit 1858 unveränderte **Canadian Club Premium Extra Aged**, der nach über drei Jahren Fassreifung sowohl pur als auch im Cocktail schmeckt. Dessen „großer Bruder", der Canadian Club Reserve, ist nach neun Jahren im Fass üppiger und komplexer und tendiert aufgrund seines höheren Roggenanteils in Richtung Bourbon.

89

CAOL ILA

PORT ASKAIG, ISLAY, SCHOTTLAND

Seit ihrer Gründung 1846 hat die Destillerie im kleinen Örtchen Port Askaig im Osten der schottischen „Whisky-Insel" Islay diverse Besitzerwechsel und Stilllegungen überlebt.

Unter Diageo, dem aktuellen Besitzer, wurde die ohnehin inselgrößte Brennerei unlängst weiter ausgebaut, um ihren potenziellen jährlichen Ausstoß um rd. 700.000 Liter zu steigern. Der Grund: Mit den 2002 wieder eingeführten Malts der Marke Caol Ila platziert sich die Gruppe nicht nur am Malt-Markt, sondern verwendet die Produktion seit jeher auch zum Verschneiden so bekannter Konzern-Marken wie Johnnie Walker und Bell's. Wie auch die übrigen Insel-Destillerien profitiert Caol Ila enorm vom Boom der Single Malts.

Neben den für Islay so typischen rauchigen Whiskys gibt es von Caol Ila seit Mitte der 2000er-Jahre auch eine Special-Releases-Serie mit un-getorften Single Malts, die zuvor hauptsächlich zum Verschneiden produziert wurden.

Besonders von Jim Murray und seiner Whisky Bible gewürdigt wurde 2015 der von Hunter Laing abgefüllte Vintage-Whisky Old Malt Cask Caol Ila 1984 29 Years old als bester Single Malt Scotch der Altersklasse 28 bis 34 Jahre.

Standardabfüllung der Destillerie ist der **12-jährige Caol Ila Single Malt**, der seine Herkunft angesichts seines ölig-maritimen Charakters kaum verschleiern kann, während die Rauchnoten eher dezent bleiben.

Caol Ila 12 years

Aroma: salzig mit Seegrasnoten, Jod, dezente Zitrusfrüchte

Geschmack: ölig-medizinisch, dazu duftige Rauchigkeit

Abgang: lang, süße Rauchigkeit, leicht säuerlicher Nachklang

CAOL ILA™

AGED **12** YEARS

ISLAY SINGLE MALT WHISKY

Out of sight, in a remote cove near Port Askaig lies Caol Ila, hidden gem among
Islay's distilleries since 1846. Not easy to find, Caol Ila's secret malt
is nonetheless highly prized among *devotees of the Islay style.*

Caol Ila Distillery, Port Askaig, Isle of Islay.

43% vol   70cl ℮

CARDHU

ABERLOUR, SPEYSIDE, SCHOTTLAND

Gründer der Brennerei am Spey waren 1811 Helen und John Cummings, die allerdings erst 1824 eine offizielle Lizenz erwarben. Später übernahmen ihr Sohn Lewis und dessen Frau Elizabeth das Geschäft. Nach Lewis' Tod 1872 ging die Leitung auf die Witwe über, die die Brennerei 1887 weiter ausbaute. Die alten Brennblasen verkaufte sie William Grants eben neu gegründeter Brennerei Glennfiddich. Einige Jahre später übernahmen Walker & Sons die Brennerei, um die Malt-Produktion für die Herstellung der zunehmend begehrten Blends sicherzustellen. Seitdem ist die Geschichte von Cardhu untrennbar mit der des berühmten Johnnie Walker verbunden, der heute der meistverkaufte Scotch Blend der Welt ist: Ein wichtiger Bestandteil ist noch immer Cardhu-Whisky.

1925 wurde Walker & Sons und damit auch Cardhu von der Distillers Company übernommen, die 1987 im Diageo-Konzern aufgegangen ist.

Über die Age Statements (12, 15 und 18 Jahre) hinaus hat Cardhu sein Sortiment unlängst um den Cardhu Amber Rock und den Cardhu Gold Reserve erweitert. Der seidige **12-jährige Single Malt** zeichnet sich durch sein ausgeprägtes Honigaroma und Noten von frischem Obst aus. Aufgrund seiner Milde gilt er als besonders femininer Whisky.

> **Cardhu Single Malt 12 Years**
>
> **Aroma:** blumig und süß, Birne, Nüsse, ein Spur rauchig
>
> **Geschmack:** malzig und süß am Gaumen
>
> **Abgang:** mittellang, rauchig-süß und leicht trocken

CHIVAS REGAL

KEITH, SCHOTTLAND, CHIVAS BROTHERS

Chivas Regal gehört zu den meist verkauften Blends weltweit. Aktuell wird er in der Speyside-Destillerie Strathisla in Keith produziert, deren Malt ihm Fruchtigkeit und Gewicht verleiht. Die Geschichte des Chivas Regal begann 1801 in Aberdeen mit dem Feinkost- und Spirituosenhandel der Brüder James und John Chivas. 1843 ernannte Queen Victoria sie zu königlichen Hoflieferanten. Gleichzeitig begannen die beiden, einen eigenen Blend zu entwickeln. 1860 kam ihre Mischung als Royal Glen Dee auf den Markt und wurde um 1900 in Chivas Regal umgetauft, um auf den Status als königlicher Hoflieferant zu verweisen: „Regal" bedeutet „königlich".

Leadwhisky für den Blend ist, wie schon erwähnt, der Strathisla, dazu gesellen sich weitere Speyside-Whiskys, z. B. Caperdonich, Glen Grant, The Glenlivet, Aberlour oder auch Longmorn, die alle zum blumigen,

> **Chivas Regal 12 Years**
>
> **Aroma:** Eichenholz, Honig, Heidekraut
>
> **Geschmack:** frisch und fruchtig mit überraschender Malznote, Honig, Vanillenoten
>
> **Abgang:** lang, mit Vanille, Haselnüssen und Toffee

weichen Charakter und dem runden Körper des Chivas Regal beitragen.

Der **12-jährige Chivas Regal**, die Standardabfüllung, ist mit seinen süßen Honig- und Vanillearomen ein unkomplizierter und gefälliger Whisky ohne jede Rauchigkeit – ein echter Einsteiger-Blend.

Exklusiver kommt der 18-Jährige daher: Er enthält mehr als 20 der seltensten schottischen Single Malts und ist äußerst vielschichtig, ohne es an Harmonie fehlen zu lassen.

ELIJAH CRAIG

BARDSTOWN/LOUISVILLE, KENTUCKY, USA
HEAVEN HILL

Die 1935 gegründete Brennerei Heaven Hill ist außerhalb der USA kaum bekannt, doch ihre Marken wie Elijah Craig und Evan Williams werden international hoch geschätzt. Das Unternehmen gehört bis heute der Gründerfamilie Shapira. 1996 ist die Produktion vom Bardstown nach Louisville umgezogen, das Besucherzentrum und die Lagerhäuser sind aber weiterhin in Bardstown. Angefangen hat Heaven Hill mit den Marken Heaven Hill und Bourbon Falls, außerdem verkaufte man Whiskey an unabhängige Abfüller. Im Laufe der Zeit hat das Unternehmen eine ganze Reihe von Traditionsmarken erworben, und heute ist der Familienbetrieb der zweitgrößte Bourbon-Produzent weltweit. Gebrannt wird unter der Aufsicht von Brennmeistern aus der Jim-Beam-Familie – und nicht nur Bourbon, sondern auch andere Straight Whiskeys wie der Rittenhouse aus Roggen.

> **Elijah Craig Kentucky Straight Bourbon 12 Years**
>
> **Aroma:** Heu, Leder und Vanille in Kombination mit fruchtigen Noten sowie einer Spur Eiche und Minze
>
> **Geschmack:** samtig und fruchtig, abwechselnd trocken und süß, dazu Eichennoten und etwas Rauch
>
> **Abgang:** lang, süß und komplex

Zum Standardsortiment gehört unter anderem der für einen Bourbon recht alte **12-jährige Elijah Craig Kentucky Straight Bourbon**. Er wird traditionell aus Mais, Roggen und Gerste gebrannt, die Jahresproduktion beträgt maximal 100 Fässer. Ein Methusalem unter den Bourbons ist der **Elijah Craig 23-Year-Old Single Barrel Kentucky Straight Bourbon Whiskey**, dessen Angel's Share von rund 50 % pro Fass der langen Reifung geschuldet ist.

THE ENGLISH WHISKY

ROUDHAM, NORFOLK, ENGLAND, GROSSBRITANNIEN
ST GEORGE'S DISTILLERY

Die St George's Distillery ist Heimat der English Whisky Co. und erste Whiskybrennerei in England seit 120 Jahren. Gegründet wurde sie von James Nelstrop, einem Landwirt. Nach zahlreichen Projekten in aller Welt nahm er gemeinsam mit seinem Sohn Andrew die Verwirklichung seines Traums von einer eigenen Brennerei in Angriff. Im Dezember 2006 wurde in der St George's Distillery der erste Whisky gebrannt. Unterstützt wurden die Whiskynovizen dabei von dem altgedienten Laphroaig-Brennmeister Iain Henderson. Der Erfolg ließ nicht auf sich warten.

Neben den Standardabfüllungen, einem getorften und ungetorften Whisky ohne Age Statement, setzt man bei English Whisky auf limitierte Abfüllungen in durchnummerierten Chaptern. Chapter, im Whisky-Kontext eher das Fass, bedeutet auch Kapitel, und mit ihren experimentellen und raren Füllungen wollen die Nelstrops immer wieder ein neues Kapitel in der Whiskyproduktion aufschlagen.

Einen perfekten Start für eine Reise in die Welt des englischen Whiskys bietet der dreijährige **Single Malt Classic**. Aus der Raritätenreihe konnte **Chapter 14 unpeated** unlängst auch Jim Murray überzeugen, der den Brand als europäischen Whisky 2015 würdigte.

English Classic Single Malt

Aroma: leicht und frisch, süß und mild, zarte Gewürznoten, dazu ein Hauch Vanille, tropische Früchte, nussig mit Marzipan-Anklang

Geschmack: zart-schmelzend am Gaumen, dezent würzig-pfeffrige Noten auf der Zunge, frisches Holz, Vanille, Tropenfrüchte und leicht nussig, im Ausklang malzig

Abgang: sauber, trocken und leicht salzig

Traditionally handcrafted
at St George's Distillery

ENGLISH 🇬🇧
CLASSIC
SINGLE MALT WHISKY

Not Chill-filtered • Natural Colour
Distilled by David Fitt

700ml   43% ALC/VOL

Produced by THE ENGLISH WHISKY C⁰
St George's Distillery, Roudham
Norfolk, England

THE
ENGLISH
WHISKY C⁰

CHAPTER 14

Distilled by: David Fitt
Cask Type: ASB
Cask Number: 206, 207, 208, 209
Distilled: Feb. '09   Bottled: Sep. '14
70cl   46%vol
Not Peated

LIMITED EDITION
RARE SINGLE MALT WHISKY
Not Chillfiltered   Natural Colour
HAND MADE IN ENGLAND AT
ST GEORGE'S DISTILLERY
ROUDHAM, NORFOLK

THE FAMOUS GROUSE

CRIEFF, HIGHLANDS, SCHOTTLAND
GLENTURRET

Heute verschwindet die 1775 gegründete Glenturret-Destillerie, an deren Standort angeblich schon 1717 Whisky gebrannt wurde, beinahe hinter dem bekannten schottischen Blend The Famous Grouse. Zu verdanken ist das der Marketingstrategie der Edrington Group, die sowohl Mehrheitseignerin von Glenturret als auch der Marke Famous Grouse ist. Als man 2002 eine spirituelle Heimat für die Grouse – das Moorhuhn – suchte, fiel die Wahl auf Glenturret, deren Single Malt in die Grouse-Blends fließt. Die Glenturret-Single-Malts selbst spielen nur eine untergeordnete Rolle, Hauptabfüllung ist ein 10-Jähriger.

Brennereibesucher können dem Moorhuhn kaum aus dem Weg gehen. Über dem Parkplatz wacht eine riesige Moorhuhnskulptur, am Eingang kündigt eine Schild „The Famous Grouse Experience at Glenturret" an, und in der Destillerie wartet

The Famous Grouse
Aroma: ausgewogene Sherry- und Eichennoten mit Anflügen von Zitrusaromen
Geschmack: rund und weich, dazu die Fruchtigkeit der Speyside
Abgang: mild und lang

die Ausstellung „The Flight of the Grouse", in deren Fokus stehen neben dem Standardblend die Black, Naked und Snow Grouse stehen.

In Schottland ist der milde, weiche **Famous Grouse** mit seinen dezenten Raucharomen unter den Blends die unbestrittene Nummer eins. Angeblich werden dort durchschnittlich drei Schluck Famous Grouse pro Sekunde getrunken. Der Black Grouse ist das „Torfhuhn" mit Glenturret-Malt und Whiskys von Macallan und Highland Park. Das Ergebnis: Milde und Torfrauch unter einem Dach.

FOUR ROSES

LAWRENCEBURG, KENTUCKY, USA

Im Jahr 1888 erwarb Paul Jones Jr. die Marke Four Roses, um seinen Whiskey unter diesem Namen zu vertreiben. Dank des Zusammenschlusses mit anderen Brennereien zur Frankfort Distillery und einer Lizenz zur Herstellung medizinischen Alkohols überlebte Four Roses die Prohibition nahezu unbeschadet, um sich im Anschluss als Bourbon Nummer eins in den USA zu etablieren. Dennoch nahm der kanadische Seagram-Konzern Four Roses nach dem Erwerb der Frankfort Distillery 1943 aus strategischen Gründen vom US-Markt und führte ihn erfolgreich in Europa und Japan ein. In den USA geriet Four Roses in Vergessenheit.

Inzwischen ist Four Roses unter der Ägide der japanischen Kirin Brewery Company zurück auf dem US-Markt, mit angenehm milden Bourbons, für die mit fünf Hefestämmen und zwei Getreidemischungen zehn getrennt reifende Ausgangsdestillate gebrannt werden, die nach unterschiedlichen Reifezeiten vermählt und abgefüllt werden.

Neben den Standardbourbons gibt Four Roses immer wieder limitierte Sonderabfüllungen heraus: Den **Four Roses Single Barrel Limited Edition** würdigte Whiskypapst Jim Murray 2015 als Single Cask of the Year. Die Standardabfüllung, der **Four Roses Kentucky Straight Bourbon Whiskey**, gilt aufgrund seiner Milde als recht femininer Whiskey, der sich außerdem ausgezeichnet für Cocktails eignet.

> ### Four Roses Kentucky Straight Bourbon Whiskey
>
> **Aroma:** Birne, fruchtig-blumige Noten, Vanille und Honig
>
> **Geschmack:** frisch, dabei mild und weich, Früchte, Spuren von Apfel
>
> **Abgang:** sanft und süß

GLENDRONACH

HUNTLY, SPEYSIDE, SCHOTTLAND

Gründer von Glendronach war 1826 James Allardice. Sein Whisky erfreute sich in Londoner Adelskreisen durch die engagierte Protektion des Grafen von Gordon bald einiger Beliebtheit. Nach der Übernahme durch Walter Scott, zuvor Manager der Teaninich Distillery, im Jahr 1852 wurde die Brennerei erweitert. Von 1887 bis 1920 gehörte sie einem Unternehmen aus Leith, danach war sie bis 1960 im Besitz der Glenfiddich-Gründerfamilie Grant, um dann an Teacher & Sons zu gehen, bis der Mutterkonzern Allied Domecq Glendronach 1996 schloss. Nach einem kurzen Zwischenspiel von Pernod Ricard wurde die Brennerei schließlich 2008 an die Benriach Distillery Company verkauft, und Glendronach wurde zu GlenDronach. Unter der neuen Führung wurde die GlenDronach-Palette massiv erweitert, und die (Nach-)Reifung im Sherryfass gehört für die Whiskys zum Standardprogramm.

> **The GlenDronach Original 12 Years**
>
> **Aroma:** süß, cremige Vanille, Spuren von Ingwer
>
> **Geschmack:** reich und cremig, mit süßen Sherry- und Eichennoten, Rosinen und Softfrüchten
>
> **Abgang:** lang, trocken und voll, Spuren von Nüssen

Das umfangreiche Angebot an Age Statements wird ergänzt durch limitierte Auflagen und fünf Abfüllungen mit Holzfinishes, für die Muskateller, Tawny-Port, Sauternes-, Marsala und neue Eichenfässer zum Einsatz kommen.

Die Glendronach-Whiskys sind frisch, sanft und angenehm malzig. Der **12-jährige GlenDronach Original Single Malt** reift in Pedro-Ximénez und Oloro-Fässern und überzeugt durch seine cremige Süße.

GLENFARCLAS

BALLINDALLOCH, SPEYSIDE, SCHOTTLAND

Gründer von Glenfarclas war 1836 Robert Hay. 1865 ging die Destillerie in den Besitz der Familie Grant über, die das Unternehmen heute in fünfter Generation führt.

Charakteristisch für die Single Malts von Glenfarclas ist ihr ausgeprägter Sherrygeschmack. Die Entscheidung, nicht in Bourbon-, sondern ausschließlich in Sherryfässern zu lagern, fiel bei Glenfarclas im Vergleich zu anderen Destillerien sehr früh. Möglich war diese kostspielige Strategie – ein Sherryfass kann ein Vielfaches eines Bourbonfasses kosten –, weil die Brennerei als Familienbetrieb unabhängig agieren kann und Wirtschaftlichkeit nicht immer an erster Stelle steht. Weiterhin bekannt ist das Unternehmen für eine raisonable Preispolitik, mit der man erfolgreich verhindert, dass die Glenfarclas-Whiskys zu reinen Sammlerobjekten werden.

Insgesamt kann man die Glenfarclas-Whiskys als komplex, mächtig und aromatisch beschreiben. Die Palette der Single Malts reicht von 10- bis zu 50-jährigen Abfüllungen, was dem klugen Management der Warehouses zu verdanken ist. So erschien anlässlich des Speyside Whisky Festivals ein 40-Jähriger, der durch seinen Sherrycharakter sowie seine Komplexität und Reife besticht. Der **10-jährige Single Malt**, die Standardabfüllung, wirkt angesichts seiner Tiefe älter, als er ist. Wegen seiner Sherrynoten ist er bestens als Aperitif geeignet.

Glenfarclas 10 Years

Aroma: Sherry-Süße und Malzaromen, dazu feine Rauchnoten

Geschmack: leicht und anregend mit einer ausgewogenen Kombination von Rauch, Malz und Sherry-Süße, dezente Noten von Trockenfrüchten, Vanille, Zimt und Nelken

Abgang: weich und würzig, köstliche Raucharomen

GLENFIDDICH

DUFFTOWN, SPEYSIDE, SCHOTTLAND

Glenfiddich ist weltbekannt, viel gekauft und leicht unterschätzt. Der Speyside-Malt aus Dufftown in der berühmten dreieckigen Flasche wird von Whiskyfans häufig als Massenprodukt verschmäht. Dabei können der wegen seiner Milde so populäre 12-Jährige sowie die gesamte Palette von Glenfiddich sich durchaus mit anderen Malts messen, und noch dazu war die Destillerie Wegbereiter für die seit den 1960er-Jahren stetig wachsende Beliebtheit der Single Malts, denn sie wagte als Erste deren internationale Vermarktung.

Gegründet wurde die Traditionsdestillerie 1886 von dem ehemaligen Schuhmacher William Grant, und sie ist bis heute ein Familienunternehmen, das außerdem zu den Begründern des Whisky-Tourismus gehört: Die Brennerei öffnete ihre Pforten bereits 1969 für Besucher. Um eine gleichbleibend hohe Qualität gewährleisten zu können, beschäftigt Glenfiddich nicht nur einen Kupferschmied für die Instandhaltung der Brennblasen, sondern verfügt auch über eine Küferei für Bau und Pflege der Whiskyfässer.

Glenfiddich füllt seine Whiskys selbst ab – neben diversen limitierten Auflagen, Sondereditionen und Single-Cask-Abfüllungen vor allem das Kernsortiment mit vier Age Statements. Standardabfüllung ist der **12-Jährige Single Malt**, ein echter Klassiker, der in Bourbon- und Sherryfässern reift und mit seiner Ausgewogenheit und Milde einen guten Einstieg in die Welt der Single Malts bietet.

Glenfiddich 12 Years

Aroma: sehr frisch und fruchtig, mit einem Hauch von Birne und einer Spur Malz

Geschmack: ausgewogen, süß und fruchtig mit dezenter Eichennote, außerdem Sahne und Malz

Abgang: lang, weich und verhalten, aromatisch

GLEN GRANT

ROTHES, SPEYSIDE, SCHOTTLAND

Gründer von Glen Grant waren 1840 die Brüder James und John Grant, die für die Auswahl des Standorts reichlich Umsicht walten ließen. Bis zum Meer und dem Hafen von Garmouth war es nicht weit, der Spey im Süden lieferte das nötige Wasser, und Gerste wuchs in der Umgebung reichlich – damit war alles vorhanden, was man für die Whiskyherstellung benötigte. Beim Bau der Eisenbahn im schottischen Norden waren die Grants so engagiert, dass man eine der Lokomotiven der Zuglinie Lossimouth-Elgin-Rothes 1851 „Glen Grant" taufte.

Doch zu einer der größten Destillerien ihrer Zeit wurde das Unternehmen unter James Grants Sohn James „The Major" Grant, der nicht nur als Geschäftsmann, sondern auch mit seinem eigenwilligen Lebensstil für reichlich Gesprächsstoff sorgte: Er war der Erste, der im eigenen Auto durch die Highlands fuhr, in seiner Destillerie brannte frühzeitig elektri-

> **Glen Grant Single Malt 10 Years**
>
> **Aroma:** halb trocken, reife Gartenfrüchte, etwas Rauch
>
> **Geschmack:** intensiv und fruchtig, Vanille und Malz, mit nussigem Finish
>
> **Abgang:** mittellang, weich und trocken

sches Licht, und als extravaganter viktorianischer Gentleman, der den Moden seiner Zeit folgte, leistete er sich den Luxus eines mit exotischen Pflanzen bestückten Gartens. Am felsigen Ufer des Baches auf seinem Grundstück ließ er sich einen dram safe, ein kleines Whiskyversteck, einrichten, in dem immer eine Flasche Glen Grant bereitstand. So konnte er Besucher, die er in seinem Reich herumführte, jederzeit mit einem wohl temperierten Gläschen Whisky überraschen – und sich selbst wohl dann und wann in aller Ruhe einen Schluck genehmigen.

111

Weiterhin führte er die schlanken Brennblasen ein, die bis heute für den frischen, malzigen Geschmack und die klare Farbe der Glen-Grant-Whiskys sorgen. Seit 2006 sind Brennerei und Marke im Besitz von Campari. Damit sicherte sich der italienische Bitter-Fabrikant die Rechte am bestverkauften Single Malt im eigenen Land.

Standardabfüllung ist der auch außerhalb Italiens geschätzte **10-jährige Glen Grant Single Malt** im typischen Speyside-Stil, daneben gibt es einen 16-Jährigen und die sehr frische Major's Reserve. Ergänzend erscheinen immer wieder limitierte Abfüllungen, so etwa die exklusive **Unique Selection of the Finest Vintages** aus Glen Grants besten Single-Malt-Jahrgängen zum 170. Brennereigeburtstag.

GLENKINCHIE

PENCAITLAND, LOWLANDS, SCHOTTLAND

Die Brennerei Glenkinchie befindet sich im kleinen Dörfchen Pencaitland in der sanften Hügellandschaft von East Lothian. Bis zur schottischen Hauptstadt sind es nur rund 30 km, weshalb die klassischen Lowland-Malts der Brennerei auch Edinburgh Malts genannt werden.

1837 erhielten die Brüder John und George Rate, die im Hauptberuf Farmer in Pencaitland waren, die erste schriftliche Lizenz für den Betrieb der Destillerie. Sie gaben die Brennerei 1853 wieder auf. Bis zur Neugründung des Unternehmens unter dem Namen Glenkinchie Distillery Co Ltd durch einen Zusammenschluss von Investoren sollte es bis 1890 dauern. 1914 fusionierte Glenkinchie mit den vier weiteren Lowland-Brennereien zur Scottish Malt Distillers Ltd. Von 1917 bis 1919 wurde der Betrieb erneut einge-

Glenkinchie 12 Years

Aroma: Vanille, Gewürze, Zitrus, leicht rauchig

Geschmack: süß und weich, dann fruchtig, mit Malz, Butter und Käsekuchen

Abgang: kräutrig, lang und trocken

stellt, da die Regierung aufgrund der Lebensmittelknappheit im Ersten Weltkrieg einen Produktionsstopp verhängt hatte: Die Gerste

Die Standardabfüllung der Brennerei war lange ein 10-Jähriger, doch seit 2007 setzt man auf den **Glenkinchie Single Malt 12 Years**, der kräftiger und komplexer ist als sein Vorgänger, aber weiterhin vertraut frisch und weich.

Bereits 1998 wurde die **14-jährige Distillers Edition** eingeführt, die zu den Classic Malts of Scotland gehört und sich durch vielseitige und tiefgründige Aromen auszeichnet. Dies ist der 6-monatigen Nachreifung in spanischen Amontillado-Sherryfässern zu verdanken, mit der insbesondere die süßen, trockenen Aromen des Glenkinchie in den Vordergrund treten. Auf den Flaschen sind vier Siegel zu sehen. Das erste, die Gerstenähre, ist das Symbol der Brennerei, das zweite nennt das Gründungsjahr der Destillerie, das dritte verweist auf die Amontillado-Fässer und beim letzten handelt es sich um die Initialen des verantwortlichen Brennmeisters.

wurde zur Sicherstellung der Lebensmittelversorgung benötigt. In den 1950er-Jahren bewirtschaftete Glenkinchie auch das umliegende Farmland, und seine preisgekrönten Aberdeen-Angus-Rinder gediehen prächtig mit den Restprodukten vom Mälzen und Maischen. Seit 1968 mälzt die Brennerei nicht mehr selbst, sondern bezieht ihr Gerstenmalz von einem Fachbetrieb.

Heute wird bei Glenkinchie nicht nur Whisky gebrannt, sondern es gibt auch ein Besucherzentrum, wo sich Jahr für Jahr Tausende Menschen darüber informieren, wie die Whiskys der Brennerei mit ihrem für die Lowlands typischen leichten, blumigen Geschmack hergestellt werden.

THE GLENLIVET

MINMORE, SPEYSIDE, SCHOTTLAND

Glenlivet-Gründer George Smith war der erste Schwarzbrenner, der nach dem Excise Act von 1823 im Jahr 1824 eine Brennlizenz erwarb. Whisky produzierte seine Familie damals schon seit rund fünfzig Jahren. Die Brennerei sollte bis 1953 in Familienbesitz bleiben, um nach diversen Unternehmenszusammenschlüssen 1977 als The Glenlivet Distillers von Seagram gekauft zu werden. Seit 2001 gehört The Glenlivet zu Chivas Brothers, der Whiskysparte von Pernod Ricard.

Seinen fruchtig-frischen, leicht süßen Stil verdankt der Glenlivet, der auf dem internationalen Markt direkt hinter Glenfiddich rangiert, diversen Faktoren: Zum einen wird das Gerstenmalz nicht mit Torf gedarrt, um den Duft und die Aromen des Malzes optimal zu erhalten, zum anderen erfolgt die Gärung in Bottichen aus Holz, das dem Whisky eine Vielfalt von Geschmacksnoten verleiht. Weiterhin setzt man seit nunmehr 150 Jahren auf in Größe und Form unveränderte Brennblasen. Die Reifung der Whiskys erfolgt in Fässern aus europäischer und amerikanischer Eiche.

Standardabfüllung des Hauses ist **12-jährige Single Malt**, dessen ausgewogener Charakter der Reifung in diversen Fässern, darunter auch europäische und amerikanische Eiche, zu verdanken ist.

Weiterhin sehr populär ist der elegante 18-Jährige, dessen Würze der europäischen Eiche zu verdanken sind, während die amerikanische Eiche für Noten von Tropenfrüchten sorgt.

The Glenlivet 12 Years

Aroma: sommerlich, mit Zitrusnoten und Anklängen von Heidekraut

Geschmack: ausgewogen und fruchtig, mit ausgeprägten Ananasnoten

Abgang: cremig-zart mit Spuren von Marzipan und Haselnüssen

GLENMORANGIE

TAIN, HIGHLANDS, SCHOTTLAND

Der Name der Destillerie Glenmorangie kommt aus dem Gälischen: „Glen of the Morangie Burn" bedeutet so viel wie „kleines Tal der tiefen Ruhe". In der Brennerei in den nördlichen Highlands wurde schon 1703 Whisky gebrannt, allerdings alles andere als legal. Offiziell wird hier seit 1843 Whisky produziert. Gründerväter von Glenmorangie waren die Brüder William und John Maheson.

Erstmals umgebaut wurde die ehemals beschauliche Brennerei 1887. Für die Finanzierung der Rundumerneuerung wurde das reine Familienunternehmen in eine Kapitalgesellschaft umgewandelt. 1918 übernahm MacDonald & Muir das Unternehmen, das sich kriegsbedingt in einem finanziellen Engpass befand. Die nächste Krise kündigte sich mit der 1919 verhängten Prohibition in den USA, die bereits damals ein wichtiger Absatzmarkt waren, schon an, und Glenmorangie musste seine Pforten

> ### Glenmorangie The Original 10 Years
>
> **Aroma:** Zitrusfrüchte und reife Pfirsiche, abgetönt durch dezente Vanillenoten
>
> **Geschmack:** beginnend mit Vanille und Mandel, dann überwiegt blumige Fruchtigkeit
>
> **Abgang:** elegant und weich mit zarten Orangen-und Vanillenoten

von 1931 bis 1936 und noch einmal während des Zweiten Weltkriegs schließen. Danach ging es beständig bergauf mit der Brennerei, und ihr Innovationswillen – Glenmorangie war die erste schottische Destillerie, die ihre Whiskys in Bourbonfässern reifen ließ – machte sich bezahlt. Inzwischen gehört Glenmorangie zum französischen Konzern Louis Vuitton Moët Hennessy.

An einer Regel hält man bei Glenmorangie übrigens seit den ersten Tagen der Brennerei eisern fest: Es sol-

121

len dort immer genau 16 Mitarbeiter beschäftigt sein, die „16 Men of Tain". Allerdings sind damit nur die tatsächlich am Brennprozess beteiligten Angestellten gemeint.

Und diese Angestellten produzieren unter anderem den zehnjährigen **Glenmorangie Single Malt „The Original"**, die Standardabfüllung des Hauses, in bewährter Qualität. In Schottland ist dieser Single Malt, dem ein französischer Parfümeur angeblich 26 verschiedene Aromen attestierte, die Nummer eins. Seine Milde und Ausgewogenheit machen ihn zu einem echten Einsteigerwhisky.

Doch man setzt bei Glenmorangie weiterhin auch gerne auf Neues. Auf das Konto des innovativen Brennmeisters Bill Lumsden gehen unter anderem die Holzfinishes, für die der Whisky nach zehn Jahren Reifung in Fässern aus amerikanischer Weißeiche zusätzlich in portugiesischen Portfässern (Glenmorangie Quinta Ruban), Sherryfässern (Glenmorangie Lasanta) oder in französischen Sauternesfässern für den **Glenmorangie Nectar d'Or Single Malt** reift. Letzterer verströmt nach Abschluss seiner 12-jährigen Reifezeit herrliche Düfte, wie man sie aus französischen Patisserien kennt. Seinen Namen, der auf Deutsch „goldener Nektar" bedeutet, trägt dieser wunderbar üppige Single Malt also durchaus zu Recht.

HAKUSHU

YAMANASHI, JAPAN

Hakushu ist die zweite Brennerei des Suntory-Konzerns. Sie liegt in den japanischen Südalpen rund 120 km westlich von Tokio und damit in einem der bedeutendsten Weinbaugebiete des Inselstaates. Als „Kind" des großen Whiskybooms in der japanischen Mittelschicht, die seinerzeit bevorzugt beim Mizuwari, einem Longdrink aus Whisky, Eis und Wasser, den Feierabend einläutete, war Hakushu mit zwei Destillerien und einer Vielzahl von Destillen einst die größte Malt-Brennerei der Welt. Als die goldenen Whiskyjahre in Japan in den 1990er-Jahren zu Ende gingen, musste eine der Destillerien, Hakushu West, schließen.

Angesichts dieser neuen Situation hat sich die Ausrichtung des Unternehmens grundlegend gewandelt. Heute setzt man auf die Herstellung anspruchsvoller Blends und Single Malts. 1994 brachte Hakushu erstmals einen Single Malt in den Handel. Geschmacklich merkt man den Hakushu-Whiskys ihre Herkunft deutlich an: Bei dem kühlen Gebirgsklima in der Region entstehen aus weichem Bergquellwasser sehr reine und frische, fruchtige Whiskys.

Meistverkaufter Hakushu ist der eingängige **12-jährige Single Malt** mit minziger Nase und süßem Geschmack, der exemplarisch ist für den leichten Stil der Brennerei. Weiterhin gehören zum Sortiment noch ein 18- und ein 25-Jähriger Single Malt sowie wechselnde limitierte Abfüllungen.

The Hakushu Single Malt 12 Years

Aroma: blumig, etwas zitronig, leichter Rauch, Salz

Geschmack: Toffee, Obst und Torfrauch

Abgang: mittellang, leicht rauchig, mit trockenen Eichenholznoten

---

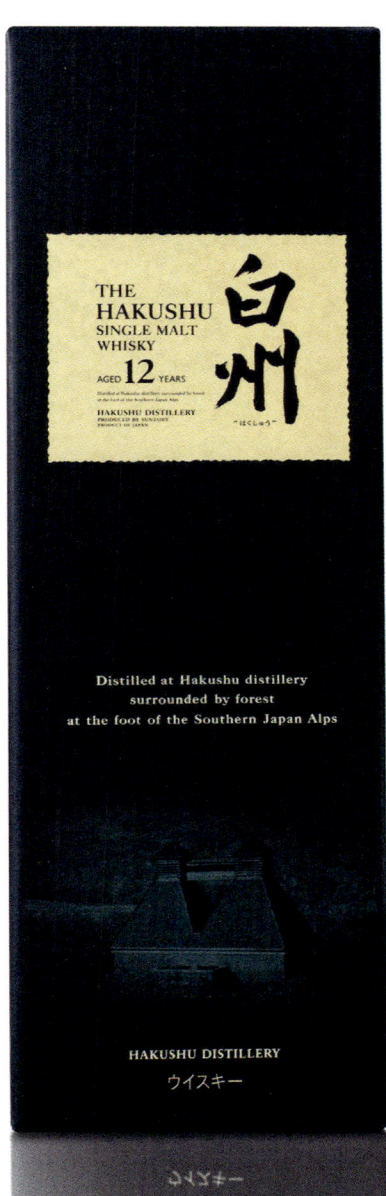

HIGHLAND PARK

KIRKWALL, ORKNEYINSELN, SCHOTTLAND

Die Geschichte von Highland Park, der nördlichsten Brennerei Schottlands auf den Orkneyinseln, begann deutlich vor dem offiziellen Gründungsdatum 1825 – nämlich Ende des 18. Jahrhunderts als illegale Destille des sagenumwobenen Schwarzbrenners, Schmugglers und Kirchendieners Magnus Eunson. Angeblich nutzte Eunson die Kirche gerne als Versteck für seinen Schwarzgebrannten. Als eines Tages eine Durchsuchung des Gotteshauses anstand, ließ er die Fässer in sein Haus bringen, wohin sich auch die Steuerbeamten begaben, um ihre Razzia fortzusetzen. Dort allerdings fanden sie die Familie samt Dienerschaft um eine Totenbahre versammelt, vermeintlich in Trauer um einen, wie Eunson beiläufig erwähnte, an Pocken verstorbenen Verwandten. Als die Beamten dies hörten, nahmen sie die Beine in die Hand – und Eunson wusste seine unter der Bahre verborgenen Fässer in Sicherheit.

> **Highland Park Single Malt 12 Years**
>
> **Aroma:** rauchige Note, eine Spur von süßem Heidekraut
>
> **Geschmack:** ausgewogen rauchige Süße, vollmundiger Malzton, dazu Torf
>
> **Abgang:** süß, lang und würzig, mit Nachklang von Heidekraut und dezentem Rauch

Erstmals legal gebrannt wurde 1826 unter dem neuen Besitzer Robert Borwick, dessen Familie die Destillerie bis 1895 betrieb. Dann wurde sie vom Sohn des Glenlivet-Managers, James Grant, gekauft. 1937 erfolgte die Übernahme durch Highland Distillers, die seit 1999 zur Edrington Group gehören.

Zum Jahrtausendwechsel begannen die goldenen Jahre von Highland Park: Unter der Ägide der neuen Besitzer stieg der Absatz in den 2000er-Jahren ganz erheblich, was

nach Einschätzung des Managements der neuen Verpackung, die in Anlehnung an eine Flasche aus dem 19. Jahrhundert gestaltet wurde, geschuldet ist, andererseits der Auszeichnung als „Best Spirit in the World" für den 18-Jährigen.

Highland Park gehört zu den wenigen Brennereien, die noch selber mälzen. Gedarrt wird mit Torf aus dem nahe gelegenen Hobbister-Moor. Insgesamt stammen 20 % des bei Highland Park verwendeten Malzes aus der hauseigenen Mälzerei, der – ungetorfte – Rest kommt vom Festland.

Nach Auskunft der Brennerei beruht ihr Erfolgsgeheimnis auf der Fassharmonisierung – d.h., die Single Malts werden nach dem Vatting noch einmal in Fässer abgefüllt, um sich optimal zu verbinden –, der Kaltreifung, den Sherryfässern, dem aromatischen Orkney-Torf und dem handgewendeten Malz.

Der 12-jährige **Highland Park Single Malt** war 1979 die erste Hausabfüllung der Brennerei. Er bildet mit seinen ausgewogenen Aromen von Rauch, Sherrysüße und Heidekraut das Herzstück des Standardsortiments.

Der **Highland Park Dark Origins Single Malt** ist eine Hommage an den gewitzten Brennerei-„Gründer" Magnus Eunson und seine Gaunereien: Der Whiskyanteil aus Sherryfässern ist doppelt so hoch ist wie beim 12-Jährigen, was diesen Single Malt dunkler und kräftiger macht.

JACK DANIEL'S

LYNCHBURG, TENNESSEE, USA

Jack Daniel's ist die meistverkaufte amerikanische Whiskeymarke weltweit, kein Bourbon und unverzichtbarer Teil der heiligen Kneipenwhisky-Dreifaltigkeit Jackie, Johnnie und Jimmy, wobei er mit Johnnie um den Titel des weltweit meistverkauften Whiskys überhaupt ringt. Man mag in diesem Zusammenhang darüber spekulieren, ob er schon den ein oder anderen ins Grab

gebracht hat, sicher ist jedenfalls, dass Frank Sinatra eine Flasche Jack Daniel's mit ins Grab genommen hat. Begonnen hat die lebenslange Freundschaft der beiden angeblich in den 1940er-Jahren in einer Bar in Manhattan, wo Sinatra nach seinem ersten Jack Daniel's gesagt haben soll: „It's nectar of the gods." – Götternektar. Jack Daniel's ist das zum 100. Geburtstag des Sängers eine Sonderedition namens Sinatra Select wert.

Der Gründer der Destillerie Jack Daniel's hieß tatsächlich Jack Daniel, und die Brennerei, mit der er sich 1866 in Lynchburg,Tennessee, ansiedelte, war die erste, die in das Handelsregister eines US-Bundesstaates aufgenommen wurde. Im Laufe ihrer Geschichte wurde sie lediglich einmal verkauft: 1956 veräußerten die Motlow-Brüder, Jack Daniels Großneffen, das Unternehmen an den Konzern Brown-Forman, ohne jedoch dessen Leitung abzugeben.

Jack Daniel's Old No. 7

Aroma: gebranntes Toffee, Nuss-Karamell, Kompott aus überreifen Früchten

Geschmack: mild, mit Gewürz- und Vanillearomen sowie Pflaume und Kandis

Abgang: Rauchnoten, gebrannter Zucker, lang

Das Stammsortiment der Brennerei ist eher klein: Neben dem Old No. 7, auch Black Label genannt, werden in Lynchburg noch der Tennessee Honey, ein Whiskylikör, der Gentleman Jack, ein doppelt gefilterter und darum noch weicherer Old No. 7, und der Single Barrel Tennessee Whiskey, eine Einzelfassabfüllung, produziert, außerdem wechselnde Sondereditionen.

An der Rezeptur für den klassischen Jack Daniel's Old No. 7 hat sich seit Jahr und Tag nichts Wesentliches verändert. Der Maisanteil an der Maische ist mit 80 % recht hoch, der Rest besteht zu 12 % aus Roggen und zu 8 % aus Gerste. Jack Daniel's ist ein Tennessee-Whisky. Das bedeutet, dass er, anders als ein Bourbon, vor der Fassreifung durch eine dicke Schicht Holzkohle aus Zuckerahorn gefiltert wird. Dieses sogannnte charcoal mellowing macht den Brand weicher und gefälliger oder – wie Kritiker behaupten – flacher.

Wie dem auch sei. Auf jeden Fall ist **Jack Daniel's Old No. 7** ein Whiskey, der die Prohibition und zwei Weltkriege überlebt hat, und seine Milde macht auch seine Vielseitigkeit aus. Man kann ihn durchaus pur oder – besonders an heißen Tagen – auf Eis trinken, und zum Mixen eignet er sich ausgezeichnet.

Der **Jack Daniel's Single Barrel Tennessee Whiskey** straft alle Lügen, die der Brennerei in Lynchburg nicht zutrauen, Whiskey jenseits des Mainstream zu produzieren, denn genau das tut sie mit dieser von Auflage zu Auflage geschmacklich leicht variierenden Einzelfassabfüllung, von der es je Fass nur jeweils 180 bis 270 Flaschen gibt – je nachdem, wie groß der Angels' Share, der Anteil der Engel, ist.

> ## Jack Daniel's Single Barrel Tennessee
>
> **Aroma:** leichter Vanilleduft mit dezenten Eichennoten
>
> **Geschmack:** Toffee, Vanille, Süßkirschen, dunkle Schokolade, Leder, Lakritze, auch Zitrusfrüchte
>
> **Abgang:** lang und trocken, dazu Süßholz und Gewürze

JAMESON

MIDLETON, COUNTY CORK, IRLAND

Die Destillerie Old Jameson wurde vermutlich um 1780 von James Jameson, einem nach Irland ausgewanderten Schotten, gegründet und befand sich in der Bow Street in Dublin. Es sollte allerdings bis 1968 dauern, bis die ersten Whiskeys unter dem Namen Jameson auf den Markt kamen, doch was lange währt, wird bekanntlich gut: Ihr Erfolg war überwältigend. Jameson ist heute eine der erfolgreichsten Whiskymarken weltweit, und kein irischer Blend verkauft sich besser. Als in den 1970er-Jahren sämtliche Brennereien in Dublin geschlossen wurden, zog die Produktion in die neue Destillerie Midleton in Cork um, und im Gebäude von Old Jameson entstand ein Museum.

Jameson Whiskey wird aus gemälzter und ungemälzter Gerste gebrannt, und das Trocknen der Gerste erfolgt nicht über Rauch, sondern in geschlossenen Darren. Nach dreifacher Destillation lagert der Whiskey in Eichenfässern aus den USA, Spanien und Portugal, die einst Bourbon, Sherry oder Portwein enthielten.

> **Jameson**
>
> **Aroma:** blumig und süß, würzig mit holzigen Noten
>
> **Geschmack:** würzig und nussig, dazu Vanillenoten, süßer Sherry, Milchschokolade
>
> **Abgang:** mild und wärmend

Beliebtestes Mitglied der Reserve-Reihe ist der hoch dekorierte Jameson Gold Reserve, der in jungfräulichen Eichenfässern reift und durch sein ebenso mildes wie komplexes Aroma überzeugt.

Der **Jameson Standardblend** besteht jeweils zur Hälfte aus typisch irischem Pot Still sowie Grain Whiskey und ist dank der Dreifachdestillation sehr mild und harmonisch.

135

JIM BEAM

CLERMONT, KENTUCKY, USA

Jim Beam ist die meistverkaufte Bourbon-Marke der Welt. Die 1785 gegründete Brennerei befindet sich seit sieben Generationen in Familienbesitz. „Stammvater" des Unternehmens war der Deutsche Jakob Böhm, aus dem im Amerikanischen Jim Beam wurde. Jim Beam heißt der Bourbon allerdings erst seit 1933, benannt ist er nach Colonel James B. Beam, der die Destillerie nach der Prohibition wieder aufbaute. Die Rezeptur für den Whisky aus Kentucky ist seit den Anfängen unverändert geblieben, und das Gleiche gilt für seinen Geschmack. Wenn man keinen Jim Beam im Glas hat, merkt man das also gleich … Doch man setzt bei Beam auch auf Innovatives, um dem Bourbon ein neues Publikum zu erschließen. Neben den bewährten Jim Beams locken Whiskys wie der Red-Stag-Bourbon mit Kirscharoma oder eine Variante mit Honigaroma insbesondere das Partyvolk, während die Reihe der Small Batches mit Kleinabfüllungen eher für Kenner attraktiv ist.

Der Jim Beam White Label ist der unkomplizierte Klassiker der Beam-Familie. Er wird kontinuierlich im Patent-Still-Verfahren gebrannt und ist wohl der beste Bourbon seiner Preisklasse. Wer es etwas komplexer mag, trinkt einen Black Label. Interessant ist der Bourbon mit dem Namen **Devil's Cut**. Unter Devil's Cut versteht man bei Beam den nach Leerung des Fasses noch in der Fasswand befindlichen Alkohol – also das Gegenteil vom Angel's Share –, der für diesen Blend mit mindestens sechsjährigem Beam gemischt wird. Heraus kommt dabei ein intensiver, robuster Bourbon.

Jim Beam Devil's Cut

Aroma: elegant, mit nussiger Eiche und Gewürzen

Geschmack: komplex, mit Vanille-Karamellnoten, dazu geröstete Nüsse

Abgang: Pfeffer, würzige Schärfe

KAVALAN

KING CAR DISTILLERY, TAIPEH, TAIWAN

Kavalan steht ganz am Anfang seiner Geschichte. Gegründet wurde die erste taiwanesische Privat-Brennerei 2005 – und 2008 waren ihre ersten Whiskys bereits in den Läden. Der Bau der Brennerei hatte nur neun Monate gedauert und das Klima in Taiwan die Reifung des Brands begünstigt. Es herrscht dort zwar dieselbe Luftfeuchtigkeit wie in der Speyside, doch die Temperaturen liegen 15 °C über dem schottischen Jahresdurchschnitt, was Lagerzeiten von 12 Jahren und mehr angesichts des Angels' Share von 15–18 % unmöglich macht. Andererseits reifen die Whiskys so auch schneller und entwickeln dabei beachtlich viel Körper und Geschmack.

Kavalan gehört zur King Car Group, die alles getan hat, die Whiskys innerhalb von drei Jahren am Markt zu etablieren – was mit der Unterstützung renommierter Fachleute auch gelungen ist und von

> ### Kavalan Single Malt
>
> **Aroma:** rein, elegant, blumig und fruchtig, dazu ein Hauch von Honig, Mango, Birne, Vanille, Kokosnuss und milder Schokolade
>
> **Geschmack:** Mango, gemischt mit reichhaltigen Aromen durch die Reifung im Eichenfass, warm, intensiv, weich wie Seide mit einer Spur Orange
>
> **Abgang:** mittellang, mit Zitrusnoten

Whiskypapst Jim Murray 2015 mit einer grandiosen Bewertung gewürdigt wurde.

Standardabfüllung ist der in sechs Fasssorten gereifte 40-prozentige **Kavalan Single Malt**, dessen Flaschenform Reminiszenz an den Taipeh 101 ist, der bis 2007 das höchste Gebäude der Welt war.

KILBEGGAN

KILBEGGAN, IRLAND

Die Old Kilbeggan Distillery ist nicht nur die älteste lizenzierte Destillerie Irlands: Keine Brennerei weltweit hat mehr Jahre auf dem Buckel. Sie wurde im Jahr 1757 im gleichnamigen Ort Kilbeggan im Herzen Irlands von der Familie MacManus gegründet. Warum sie gerade diesen Standort wählte, ist unübersehbar: Er bot hochwertiges Getreide, ausreichend Torf zum Beheizen der Kessel und mineralhaltiges Wasser aus dem Fluss Brosna. Als sich die Gründerfamilie Ende des Jahrhunderts auf die Bierbrauerei spezialisierte, wurde das Unternehmen von der Familie Codd übernommen, doch die erste Blüte der Brennerei setzte erst 1843 unter Leitung des neuen Besitzers John Locke ein. Der Niedergang der Traditionsbrennerei Anfang des 20. Jahrhunderts war bedingt durch den Verlust diverser Absatzmärkte: Mit der Unabhängigkeit waren Irland die Commonwealth-Länder verschlossen, und die Prohibition machte den offiziellen Export in die USA unmöglich. Von diesen Schlägen erholte sich Kilbeggan nie, und 1957 schloss die Brennerei ihre Pforten.

Bergauf ging es erst wieder in den 1980er-Jahren. 1982 begann die Gemeinde Kilbeggan mit der Restaurierung der Brennerei. Dann kaufte die Cooley Distillery das Unternehmen 1988, und 2007 wurde die Produktion wieder aufgenommen. Anlässlich des 250-jährigen Jubiläums von Kilbeggan erfolgte im selben

> **Kilbeggan Irish Whiskey**
>
> **Aroma:** Karamell, Sherrynoten und geröstetes Holz
>
> **Geschmack:** mild, mit harmonischen Noten von Pfirsich, Karamell, Vanille und Mandelnugat, dann leichte, sanfte Malztöne
>
> **Abgang:** lang anhaltende, trockene Eichennoten und cremige Vanille

> ### Kilbeggan Single Grain
> ### 8 Years
>
> **Aroma:** mild, süßer Mais, mit leichter Bourbon-Note
>
> **Geschmack:** vollmundig, mit einer sanften Öligkeit
>
> **Abgang:** sehr angenehm durch die Eichenholz-Aromen

Jahr auch die Inbetriebnahme des ursprünglichen Kupferkessels aus dem 18. Jahrhundert, der heute der älteste noch im Einsatz befindliche Pot Still ist.

Seit 2012 gehört Kilbeggan zum weltumspannenden Konzern Beam Suntory, einem Zusammenschluss des führenden Bourbonherstellers Beam und des japanischen Whisky-Pioniers Suntory.

Kilbeggan Irish Whiskey ist die vielfach ausgezeichnete Standardabfüllung der Destillerie. Der Blend wird als unkompliziert und leicht zugänglich, aber dennoch mit eigenem Charakter beschrieben – ganz so wie die Iren selbst. Die Destillation erfolgt nach traditionellem iri-

schen Verfahren, und der Whiskey lagert mehrere Jahre in Eichenholzfässern. Dies verleiht ihm seine goldene Farbe, ein reiches Bouquet und eine große Ausgewogenheit.

Kilbeggan Single Grain 8 Years besteht, anders als üblich, aus Mais und nicht aus Gerste, was seine Milde und Süße ausmacht. Er ist einzige Single Grain Irish Whiskey mit Altersangabe, wird acht Jahre in Bourbon-Fässern gelagert und in begrenzter Menge abgefüllt.

KILCHOMAN

BRUICHLADDICH, ISLAY, SCHOTTLAND

Die Kilchoman-Destillerie auf Islay wurde im Frühsommer 2005 eröffnet als erste neue Brennerei auf der Insel seit 125 Jahren. Kilchoman ist eine Farm Distillery, die ihren Whisky nach bester schottischer Tradition brennt. Auf dem Hof finden alle Herstellungsschritte statt, sogar die Gerste stammt aus eigenem Anbau. Jährlich werden 100 Tonnen Gerste geerntet und gemälzt. Kilchoman ist übrigens eine der nur sechs schottischen Destillerien, die ihre Gerste noch selber mälzen. Der Whisky reift in Bourbon-Fässern aus der Buffalo Trace Distillery und in spanischen Oloroso-Fässern aus Jerez und kommt im typischen Islay-Stil torfig-medizinisch daher. In jährlicher Auflage erscheint der Whisky 100 % Islay, der voll und ganz Kind der Insel ist.

Kilchoman konnte sich bei den Fans der Islay-Malts ungeachtet des jugendlichen Alters der Brennerei rasch einen Namen machen: Als einer der ersten Whiskyproduzenten setzte man bei Kilchoman auf Miniaturflaschen.

Standardabfüllung des Hauses ist der 2012 erstmals erschienene **Kilchoman Machir Bay Single Malt**, der nach einem herrlichen Strand unweit der Brennerei benannt wurde. Dank der Reifung in Bourbon- und Sherryfässern besticht der Machir Bay durch sein ausgewogenes Verhältnis von Noten tropischer Früchte und rauchigen Torfaromen, abgerundet durch einen Hauch von Vanille und eine intensive Süße.

Kilchoman Machir Bay

Aroma: Torfrauch, Zitrusnoten, gekochte Früchte

Geschmack: Spuren von Vanille, Tropenfrüchte, intensive Süße

Abgang: lang anhaltend, Aromen von frischem Malz, wieder Torfrauch

LAGAVULIN

PORT ELLEN, ISLAY, SCHOTTLAND

Die Brennerei Lagavulin liegt an der Südküste von Islay zwischen Ardbeg und Laphroaig. Illegal wurde dort schon 1742 Whisky destilliert, doch offiziell gegründet wurde Lagavulin erst 1816 von John Johnston.

Ein wichtiger Besitzer von Lagavulin war Peter Mackie, der Erfinder des berühmten Blends White Horse, für den Lagavulin seinerzeit ein essenzieller Bestandteil war und der bis heute einen unverkennbaren Islay-Charakter aufweist. Der „rastlose Peter", so Mackies Spitzname, stieg 1878 in das Unternehmen ein und übernahm es 1889. Er wurde für seine Verdienste um den Whisky sogar in den Ritterstand aufgenommen.

Heute gehört die Brennerei zum Diageo-Konzern, der 1988, damals unter dem Namen United Distillers, einen 16-jährigen Lagavulin für seine Reihe „Classic Malts" auswählte. Unter Fachleuten gelten die intensiven, vollmundigen und extrem rauchigen Single Malts von Lagavulin als vollkommenste Verkörperung des Islay-Stils, für Einsteiger sind sie gerade darum eher nicht zu empfehlen.

> ### Lagavulin Single Malt
> ### 16 Years
>
> **Aroma:** intensiver Torfrauch, Noten von Jod und Seetang und deutliche Süße
>
> **Geschmack:** trockener Rauch mit sanfter und gleichzeitig kraftvoller Süße, dann Meer- und Salznoten und eine Spur von Holz
>
> **Abgang:** langes und intensives Finish mit Salz und Meeresalgen

Die Lagavulin-Familie umfasst einen 12-Jährigen, eine regelmäßig aufgelegte Distillers' Edition und den bereits erwähnten **16-Jährigen Classic Malt**. Er ist der berühmteste und meistverkaufte Lagavulin und zeichnet sich durch seine komplexen und ausgeprägten Rauch- und Torfaromen aus.

LAPHROAIG

PORT ELLEN, ISLAY, SCHOTTLAND

Die Anfänge der Laphroaig-Brennerei auf Islay verlieren sich im Nebel der Zeit – oder der Schwarzbrennerei. Den Schritt in die Legalität wagten 1815 die Brüder Donald und Alex Johnston: Bereits 1810 hatten sie ein Stück Land gepachtet, um dort Rinder zu züchten, die sie mit Gerste aus eigener Produktion fütterten. Aus der überschüssigen Gerste brannten sie Whisky, der sich unter den Inselbewohnern rasch großer Beliebtheit erfreute, sodass die Brennerei sich bald als einträglicher als die Viehzucht erwies. Laphroaig blieb von seiner Gründung bis 1954 ein Familienbetrieb.

An den hochgradig torfig-rauchigen Islay-Malts von Laphroaig scheiden sich die Geister: Die einen lieben sie, die anderen hassen sie. Für eine Werbekampagne textete man bei Laphroaig darum ganz selbstbewusst: „Your first glass might be your last one." Ein großer Freund der Whiskys von der Insel ist jeden-

> ### Laphroaig 10 Years
>
> **Aroma:** rauchiger Torfgeruch mit Spuren von Seetang, Teer, medizinisch-süßlich
>
> **Geschmack:** überraschend süß mit Spuren von Salz, Jod, erdiger Torfgeschmack mit dezenter Vanillenote
>
> **Abgang:** pfeffrig und lang anhaltend

falls Prince Charles: Er ernannte Laphroaig 1994 zum Hoflieferanten.

Der hoch dekorierte **10-jährige Laphroaig Single Malt** ist das Herzstück des Brennereisortiments und wird bis heute nach der Rezeptur seines Erfinders Ian Hunter gebrannt. Er gilt als einer der intensivsten Islay-Malts und zeichnet sich durch sein extrem rauchiges Aroma mit Noten von Seetang und Meer aus.

MAKER'S MARK

LORETTO, KENTUCKY, USA

Whisky brennt die Familie Samuels schon seit Ende des 19. Jahrhunderts, als Maker's Mark allerdings erst seit 1954, als Bill Samuels das Familienunternehmen, das mangels Nachfrage dichtgemacht hatte, mit veränderter Whiskyrezeptur neu gründete. Sein Whisky – die Familie würdigt mit dem fehlenden „e" im Whisky ihre schottischen Vorfahren – sollte auch Menschen schmecken, die nicht zur klassischen Bourbon-Klientel, der Arbeiterklasse, gehören. Dazu ersetzte er den traditionellen Roggen in der Getreidemischung durch Winterweizen, was seinen Bourbon weicher und gefälliger machte.

Das Rezept für den klassischen Maker's Mark hat sich seitdem nicht verändert. Dafür gibt es seit 2010 den Maker's Mark 46, dessen Rezeptur von Bill Samuels jr., dem Sohn des Firmengründers, stammt. Das Geheimnis: In die Fässer werden angesengte Eichenholz-Stäbe gehängt, die der Standardabfüllung

> **Maker's Mark Kentucky Straight Bourbon**
>
> **Aroma:** Vanille und Gewürznoten, dazu eine dezente Rosennote, Limette und Kakaobohnen
>
> **Geschmack:** frische Früchte, Gewürze, Eukalyptus und Ingwerkuchen
>
> **Abgang:** wieder Gewürze, frische Eiche mit leichter Rauchnote, im Abschluss Pfirsich-Käsekuchen mit pfeffrigem Nachklang

Eichen- und Röstaromen verleihen. Eine bestimmte Reifezeit hat der Bourbon von Maker's Mark übrigens nicht. Ein Fass ist reif, wenn es reif ist. Und das stellt man durch regelmäßiges Probieren fest.

Wer zum **Standard-Bourbon von Maker's Mark** greift und die Flasche mit der charakteristischen Wachsversiegelung öffnet, darf mit einem süßen, sehr trinkbaren Whisky mit würzigen Noten rechnen, der zum Ende hin überraschend pfeffrig ist.

NIKKA MIYAGIKYO

MIYAGI, HONSHU, JAPAN

Angeblich hat Miyagikyo-Gründer Masataka Taketsuru drei Jahre nach dem richtigen Standort für seine zweite Destillerie neben Yoichi gesucht. 1969 schließlich konnten die Bauarbeiten in den sanften Hügeln von Miyagi beginnen. Überzeugt hatten den Meister sowohl die Wasser- als auch die Luftqualität. Mit ihrem Whisky bannt die Brennerei die ländlich-idyllische Atmosphäre und das reine Klima von Miyagi in der Flasche. Das allerdings mit modernster Technologien und einer weitgehend automatisierten Produktion.

Wie in Japan üblich, destilliert Miyagikyo eine recht große Anzahl verschiedener Whiskys – von traditionellen Single Malts über Grain Whiskys für die Nikka-Blends bis zu eher experimentellen Coffey-Bränden.

Jüngstes Mitglied der blumig-fruchtigen Miyagikyo-Familie ist ein Brand ohne Altersangabe. In Japan mixt man damit am liebsten einen Mizuwari, was, zumindest in der Variante mit reichlich Sodawasser, eigentlich nichts anderes ist als ein klassischer Highball. Wahlweise trinkt man ihn auf Eis. Neben einem 10- und 15-Jährigen gehört zur Kernpalette der frische, nichtsdestoweniger weiche und üppige, im Sherryfass gereifte **12-jährige Single Malt**. Eine höchst ausgefallene Abfüllung ist der **Nikka Coffey Grain**, der eigentlich Hauptbestandteil der Nikka-Blends ist und mit einem hohen Maisanteil gebrannt wird. Ein Whisky für Kenner.

Nikka Miyagikyo Single Malt 12 Years

Aroma: Röstaromen, Kaffee, dann florale Noten und orientalische Gewürze

Geschmack: intensive Sherrynote, dazu Kaffee und Schokolade, tropische Früchte

Abgang: lang und wärmend, mit Honig- und Holznoten

NIKKA YOICHI

YOICHI, HOKKAIDO, JAPAN

Die Geschichte der japanischen Brennerei Yoichi im gleichnamigen Fischerort 50 km westlich von Sapporo beginnt im Jahr 1934. Gegründet wurde sie von Masataka Taketsuru, vormals Brennmeister in Japans erster Destillerie Yamazaki, der auf Hokkaido Bedingungen fand, wie sie auch in Schottland herrschen: Das Klima ist rau und feucht, durch das einzige japanische Torfmoor steigt das von der Brennerei genutzte Grundwasser auf und erhält seine typische Note, und die Seeluft prägt den maritimen Stil der Brände, sodass man sie nicht selten mit den schottischen Islay-Malts vergleicht.

1940 kamen die ersten Whiskys von Yoichi in den Handel, und man produziert dort heute noch so wie zur ersten Stunde: Die Beheizung der Brennblasen erfolgt durch pulverisierte Kohle, und aufgrund der hohen Temperaturen, die unmittelbar auf die Stills wirken, brennt der Inhalt am Boden leicht an, was den

Whiskys ihren eher maskulinen, würzigen Charakter verleiht.

Standardwhisky im Sortiment von Yoichi ist der **10-jährige Single Malt**, der eine dezente Verkörperung des typischen Hausstils mit öligen, kräftigen Noten ist und damit einen guten Zugang zu den Yoichi-Whiskys bietet. Ein anderes Kaliber ist der **Nikka Yoichi 15 Years**, der den üppigen, vollen, torfigen und rauchigen Yoichi-Charakter in jeder Hinsicht widerspiegelt und nicht selten zu den besten Whiskys der Welt gezählt wird.

> **Nikka Yoichi Single Malt 10 Years**
>
> **Aroma:** feiner Salznebel, leichter Rauch, dann Honig und frische Früchte
>
> **Geschmack:** leicht ölig, malzige Süße, karamellisierte Früchte, Vanille und ein Hauch Zimt
>
> **Abgang:** lang und warm, mit getrockneten Blüten, Eiche und Torf

OBAN

OBAN, HIGHLANDS, SCHOTTLAND

Die Brennerei Oban an Schottlands Westküste kann auf eine über 200-jährige Tradition zurückblicken: Sie entstand 1794 aus einer Brauerei der Brüder John und Hugh Stevenson, die mit ihrem Unternehmergeist entscheidend zur Entwicklung des Ortes Oban beitrugen.

Die Brennerei blieb bis 1866 in Familienbesitz, um dann zunächst an Peter Cumstie und 1882 an James Walter Higgin zu gehen, der die Anlagen von 1890 bis 1894 bei laufendem Betrieb erneuern ließ, da das Geschäft mit dem Oban-Malt schon damals glänzend lief.

1930 kam Oban nach 32 Jahren als Teil der Oban & Aultmore Glenlivet Company zur Distillers Company Ltd. In den Zwischenkriegsjahren musste Oban von 1931 bis 1937 schließen. Von 1968 bis 1972 wurde die Brauerei umfassend renoviert und die Mälzerei geschlossen, doch aufgrund der beengten Verhältnisse am Standort war keine nennenswerte Expansion möglich, sodass die Produktion von Oban bis heute vergleichsweise überschaubar ist.

Neben den limitierten Abfüllungen bilden die Distillers' Edition und der **14-jährige Single Malt** das Herzstück der Produktion. Letzterer gehörte 1988 zu den ersten Whiskys der von United Distillers, heute Diageo, begründeten Reihe Classic Malts. Er verfügt über leichte Raucharomen, ist nicht zu kräftig und hat eine appetitanregende Würze – insgesamt sehr ausgewogen.

Oban Single Malt 14 Years

Aroma: Heidehonig, Toffee, dazu Anklang maritimer Noten und leichte Rauchigkeit

Geschmack: Fruchtkompott, Honig und geröstete Nüsse, dann Spuren von Rauch

Abgang: lang, trocken und malzig mit einer Prise Salz

ROYAL LOCHNAGAR

CRATHIE, HIGHLANDS, SCHOTTLAND

Gründer der Lochnagar Distillery war 1845 John Begg. Dass das britische Königshaus drei Jahre später Schloss Balmoral als Sommersitz erwarb, sollte sein Glück sein: Noch im selben Jahr besichtigten Queen Victoria und ihr Prinzgemahl Albert die Brennerei, schlürften nach der Besichtigung ein Gläschen Whisky und ernannten Begg kurzerhand zum Hoflieferanten, sodass er sein Unternehmen seitdem Royal Lochnagar nennen durfte. Auch der designierte Thronfolger Prince Charles schätzt angeblich dann und wann einen Lochnagar.

1916 ging Royal Lochnagar in den Besitz von John Dewar & Sons über, die 1925 in der Distillers Company aufgingen. Heute gehört Royal Lochnagar zu Diageo und ist die kleinste Destillerie des Konzerns, die ungeachtet ihrer relativ hohen Produktionskosten fest im Diageo-Portfolio verankert ist, da ihr Single Malt ein wichtiger Bestandteil insbesondere der exklusiveren Johnnie-Walker-

> ### Royal Lochnagar Single Malt 12 Years
>
> **Aroma:** fruchtig, mit einem zarten Duft von Gras und Kräutern, dazu eine malzige Süße
>
> **Geschmack:** würziges Malz, Spuren von Trockenfrüchten, Melasse, Eiche
>
> **Abgang:** elegant, mit Toffee und Rauch

Blends ist. Doch der Royal Lochnagar wird nicht nur zum Verschneiden verwendet. Unter dem Namen der Destillerie werden ein 12-Jähriger, eine limitierte Selected Reserve und eine Distiller's Edition vertrieben.

Der **12-jährige Royal Lochnagar Single Malt** zeichnet sich durch das ausgewogene Verhältnis zwischen fruchtiger Süße, leichter Säure und frischer Würze aus, die er seiner Reifung in amerikanischen Bourbon- und europäischen Sherryfässern verdankt.

SCAPA

KIRKWALL, ORKNEYINSELN, SCHOTTLAND

Die Geschichte der Brennerei Scapa beginnt im Jahr 1885, als das Glasgower Unternehmen MacFarlane und Townsend sich entschied, eine Destillerie an der berühmten Reede von Scapa Flow zu bauen. Die Übernahme durch die Scapa Distillery Company folgte 1919. Nach einem Produktionsstopp von 1934 bis 1936 und einem Zwischenspiel von Bloch Brothers Limited übernahm der kanadische Konzern Hiram Walker die Brennerei 1954, um die Anlage 1959 umfassend zu renovieren. 1978 wurde noch einmal modernisiert, 1994 folgte dann die Stilllegung. Bis 2004 wurde die Destille gelegentlich von Mitarbeitern von Highland Park in Betrieb genommen, dann entschlossen sich die damaligen Eigentümer zu den dringend notwendigen Investitionen.

Inzwischen gehört Scapa zu Chivas Brothers und damit zu Pernod Ricard, und ein kleines Mitarbeiterteam produziert einen ausgesprochen edlen Single Malt, der einem Vergleich mit den Single Malts der ungleich berühmteren Destillerie Highland Park durchaus standhalten kann. Der **16-jährige Scapa Single Malt** wird bald vom Markt genommen und durch einen 14-jährigen ersetzt, doch solange er noch zu haben ist, sollte man sich an der Intensität und Ausgewogenheit dieses im Eichenfass gereiften Whiskys erfreuen und seine komplexen Aromen genießen.

Scapa Single Malt 16 Years

Aroma: süß und samtig, Anklänge von süßen Clementinen und Heidekrauthonig

Geschmack: ausgewogen und vollmundig, Spuren von Ingwer und Backäpfeln, Vanille

Abgang: lang und trocken mit einem zarten Hauch von Seeluft

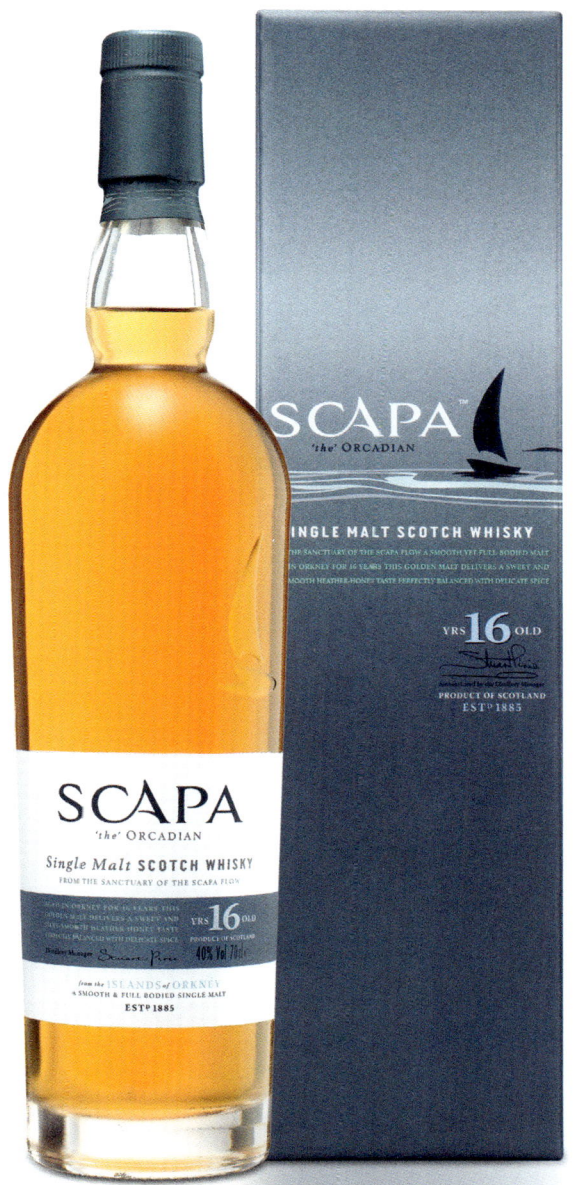

SLYRS

SCHLIERSEE, DEUTSCHLAND

Als gelernter Bierbrauer wusste Florian Stetter zumindest schon mit Malzmaischen umzugehen, als er sich nach einem Studienaufenthalt in Schottland entschloss, es am Schliersee einmal mit der Whiskybrennerei zu versuchen. Sein erster Whisky ging 1999 in Produktion, destilliert wurde in den Brennblasen für die Obstbrände seines Unternehmens. Nach drei Jahren Reifezeit kam der Erstling 2002 auf den Markt und erwies sich als so gelungen, dass er bald ausverkauft war. Weitere Jahrgänge folgten, und irgendwann wurde die Vergrößerung der Brennerei unumgänglich. Seit 2007 verfügt Slyrs nun über eine neue Destillerie, die mit neuen Brennblasen ausgestattet ist und über deutlich höhere Kapazitäten verfügt als die alte Anlage.

> **Slyrs Single Malt 2011**
>
> **Aroma:** klarer, feiner Duft gemälzter Gerste, komplexe, den neuen amerikanischen Fässern geschuldete Vanille- und Heuaromen
>
> **Geschmack:** mild, aromatisch malzig, dazu fruchtige Aromen
>
> **Abgang:** lang und intensiv, würzige Noten, dezente Raucharomen

RARITAS

DIABOLI

Mit Sorgfalt
ausgewählte Whiskys
verbunden mit
edelster bayrischer
Destillateurs Kunst,
schaffen eine
exklusive Raritas
internationaler Prägung.

EDITION 2014
internationaler Whisky
Selected by F. Deibel — Blended by Spix
vom Destillerie GmbH & Co KG, 83727 Schliersee, Germany
61,7 % vol. Flasche Nr. 666 von 1666 700 ml ℮

Destillationsmeister Hans Kemmeter
ABGEFÜLLT IN BAYERN

Slyrs Raritas Diaboli 2014

Aroma: Eichenholz, Nelke, leichte Gewürznote, rauchig, süß, floral

Geschmack: zunächst kräftig, stark, rauchig, später fruchtig, Kräuter, Eiche

Abgang: wieder rauchig, leichte Süße, aber auch eine leichte Bitternote

Im Laufe der Jahre hat sich natürlich auch das Whiskysortiment vergrößert. Neben dem **dreijährigen Slyrs Single Malt Jahrgangsbrand**, der Standardabfüllung des Hauses, die in neuen Fässern aus amerikanischer Weißeiche reift und sich durch ihren milden, holzigen, angenehm malzigen Charakter und ihre fruchtbetonten Aromen auszeichnet, gehören inzwischen auch ein Whisky Liqueur, eine Fassstärke und diverse Fass-Finishings zum Angebot.

Jüngstes Familienmitglied ist ein 12-jähriger Single Malt, das seltenste der **Raritas Diaboli**, ein Blend, in den unter anderem auch Slyrs-Whisky fließt. Den gibt es allerdings nur in den Jahren, in denen sich die zum angestrebten Stil passenden Fässer und Whiskys zum Verschneiden finden. 2014 war das der Fall.

SULLIVANS COVE TASMANIAN

CAMBRIDGE, BUNDESSTAAT TASMANIEN, AUSTRALIEN

Obwohl man sich in Down Under durchaus für Whisky begeistert, hat die Whiskybrennerei dort – abgesehen von ungenießbaren Schwarzbränden – kaum Tradition.

Die erst 1994 gegründete Tasmania Distillery im tasmanischen Hobart jedoch konnte es mit den unter der – bereits zuvor bestehenden – Marke Sullivans Cove vertriebenen Whiskys schon zu Weltruhm bringen. Für Qualität bürgt der Name allerdings erst, seit Brennereibesitzer Patrick Maguire sich der Marke angenommen hat. Ihren internationalen Durchbruch feierte die Destillerie mit einem 2011 abgefüllten elfjährigen Single Malt – ihrem bis dahin ältesten. Inzwischen ist Sullivans Cove Australiens wohl bekannteste Whiskymarke.

Der **Sullivans Cove French Oak** konnte sich bei den World Whiskies Awards als World's Best Single Malt gegen die hochkarätige Konkurrenz aus Europa und Japan durchsetzen. Wer eine Flasche ergattern will, muss sich auf Wartezeiten von zwei Monaten einstellen muss. Der Single Cask reift zwischen 12 und 14 Jahren. Er gilt als gewichtiges Flagschiff der Brennerei, das mit seinen ausgeprägten Toffee- und Sirupnoten ausgesprochen zugänglich ist. Bevor der French Oak es zu Weltruhm brachte, war der Sullivans Cove American Oak der höchstdekorierte Whisky aus australischer Produktion überhaupt. Während in Aroma und Geschmack Vanille- und Honignoten dominieren, ist er im Abgang würzig-fruchtig.

Sullivans Cove French Oak Single Cask Malt Whisky

Aroma: dunkle Schokolade, Zimt, Orangenschale, Nuss, Minze und Lakritz

Geschmack: üppig und süß, Schokoladen-, Pfeffer- und Toffeenoten, Gewürzkuchen

Abgang: lang, rote Früchte und dunkle Schokolade

TALISKER

CARBOST, HEBRIDENINSELN (ISLE OF SKYE), SCHOTTLAND

Gegründet wurde die einzige Brennerei auf Skye 1831 von Hugh und Kenneth MacAskill. Von der Vielzahl der Folgebesitzer ist vielleicht John Anderson, der Direktor von Anderson & Company, besonders erwähnenswert: Er wanderte nämlich ins Gefängnis, weil er sich vor dem Konkurs zu retten suchte, indem er Kunden angeblich in seinen Lagern befindlichen Whisky verkaufte, den es gar nicht gab. 1925 übernahm die Distillers Company Ltd (DCL) Talisker, und in deren Hand sollte sie auch Jahrzehnte bleiben. Heute gehört die Destillerie zu Diageo. Die ursprünglichen Gebäude der Brennerei, die 1928 von Dreifach- auf Zweifachdestillation umstellte, fielen 1960 einem Großbrand zum Opfer doch man begann unmittelbar mit dem Wiederaufbau. Es heißt, der Brand habe Talisker in den 80er-Jahren vor der Schließung im Rahmen des DCL-Sparprogramms bewahrt, da nach den angefallenen Investitionen die Aufgabe von Talisker nicht sinnvoll gewesen wäre.

> **Talisker Single Malt 10 Years**
>
> **Aroma:** kräftiger Torfrauch, Meerwasser, Saft frischer Austern, Zitrussüße
>
> **Geschmack:** trockene Süße, Rauch- und Malznoten, intensiv und wärmend, am hinteren Gaumen pfeffrig
>
> **Abgang:** lang und gewaltig, pfeffrig, dazu appetitanregende Süße

Der unverwechselbare Charakter der Whiskys von Talisker liegt in ihrer Schwere und Intensität sowie in ihrem ausgeprägt pfeffrigen Nachklang. Als Einsteigerwhisky eignen sie sich eher nicht. Der intensive, torfige **10-jährige Talisker** wurde 1988 in die Reihe Classic Malts von Diageo aufgenommen. Man sollte sich auf diesen eigenwilligen Single Malt auf jeden Fall mindestens einmal einlassen – wer es nicht ganz so hart mag, probiert den 18-Jährigen.

TOBERMORY

TOBERMORY, HEBRIDENINSELN (ISLE OF MULL), SCHOTTLAND

Die 1798 unter dem Namen Ledaig gegründete Tobermory Distillery ist die einzige Brennerei auf der Insel Mull vor der schottischen Westküste. Nach einer wechselvollen Geschichte mit diversen Besitzerwechseln und Schließungen – die Destillerie lag mehr als die Hälfte ihrer Existenz still – gehört Tobermory seit 1993 zu Burn Stewart Distillers. Die Single Malts der Brennerei werden vor allem in den Burn-Stewart-Blends Scottish Leader und Black Bottle verschnitten, doch seit geraumer Zeit versucht man auch, das Profil der hauseigenen Abfüllungen zu schärfen. Außerdem werden die Whiskys nicht mehr kaltfiltriert und mit 46,3 Volumenprozent abgefüllt.

Tobermory brennt zwei grundlegend verschiedene Whiskylinien: die milden Tobermory Single Malts und die stark getorften Ledaigs. Das Standardsortiment umfasst einen 10-jährigen und einen 15-jährigen

> **Tobermory Single Malt 10 Years**
>
> **Aroma:** typischer Inselcharakter, mit Gras-, Malz- und Ingwernoten, Fruchtkompott
>
> **Geschmack:** voll und kräftig, Früchte, Honig, Ingwer und Anis, herrliche Süße
>
> **Abgang:** Ingwer und Eiche, dazu dunkle Schokolade und Mandeln, am Ende fantastisch süßes Meersalz

Tobermory sowie einen 10-jährigen Ledaig.

Seine dezenten Torfnoten verdankt der frische, sanfte **10-jährige Tobermory** dem Wasser, mit dem er gebrannt wird. Die neue Flasche erinnert an das traditionell grüne Tobermory-Glas. Sein 10-jähriges Torf-Pendant aus der Ledaig-Linie ist blumig und gleichzeitig rauchig.

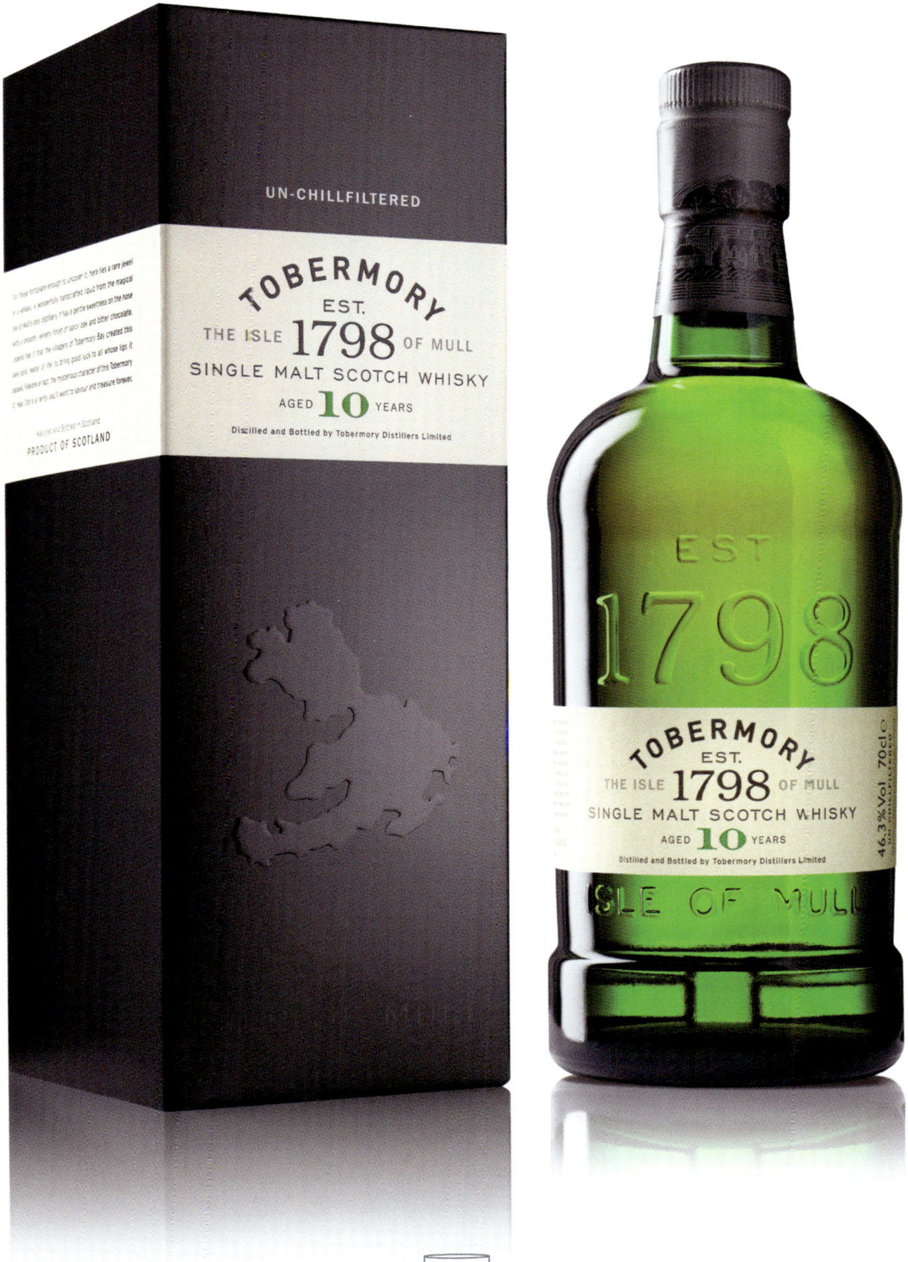
UN-CHILLFILTERED
TOBERMORY
EST.
THE ISLE 1798 OF MULL
SINGLE MALT SCOTCH WHISKY
AGED 10 YEARS
Distilled and Bottled by Tobermory Distillers Limited
PRODUCT OF SCOTLAND
EST
1798
TOBERMORY
EST.
THE ISLE 1798 OF MULL
SINGLE MALT SCOTCH WHISKY
AGED 10 YEARS
Distilled and Bottled by Tobermory Distillers Limited
46.3%Vol 70cl

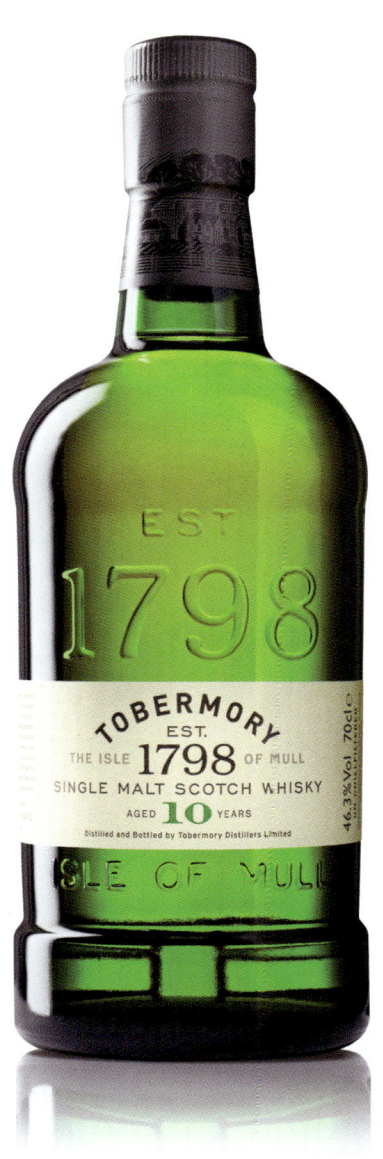

TULLAMORE DEW

TULLAMORE, IRLAND

Gegründet wurde die Tullamore Distillery in den 1820er-Jahren in der gleichnamigen Stadt in den irischen Midlands. Nach Einstellung des Betriebes Ende der 1950er-Jahre erfolgte die Produktion in Lizenz bei Midleton. Im September 2014 eröffnete der aktuelle Markeninhaber, das schottische Familienunternehmen William Grant & Sons, die Tullamore-

Tullamore Dew

Aroma: Zitrone, grüner Apfel, dazu ein Hauch Vanille

Geschmack: zunächst fruchtig, dann Entwicklung einer sanften Schärfe, Noten von geröstetem Holz, zum Abschluss süße Vanille

Abgang: sehr weich und angenehm, mit einem Hauch Marzipan

Destillerie dann wieder an dem Ort, der ihr einst den Namen gab. Bereits 2012 hatte man sich angesichts der positiven Entwicklung von Tullamore Dew am internationalen Markt entschlossen, die Tullamore-Dew-Palette zu erweitern und dem Whisky ein neues Gewand zu verpassen. Erfinder des Tullamore Dew war der Selfmademan Daniel E. Williams, dessen Initialen der erste irische Blend seinen Zusatz „Dew" verdankt. Ehemals Mitarbeiter von Tullamore, übernahm er das Geschäft 1887, und Tullamore etablierte sich als eine der erfolgreichsten irischen Marken, bis die Brennerei der Krise des irischen Whiskys zum Opfer fiel.

Inzwischen hat man massiv in die Verbesserung des **Tullamore Dew** investiert, der als typisch irischer, fruchtig-frischer Blend daherkommt und über die Milde eines in Eichen- und Sherryfässern gereiften Whiskeys verfügt. Wer es etwas komplexer mag, wählt den 12-Jährigen Tullamore Dew „Special Reserve", dem die zusätzlichen Jahre im Fass mehr Tiefe und Charakter verleihen.

WILD TURKEY

LAWRENCEBURG, KENTUCKY, USA

Die Destillerie wurde 1869 als Familienbetrieb von den Gebrüdern Ripy gegründet, die Kentucky mit ihrem Bourbon sogar auf der Weltausstellung 1893 vertraten. Der Name Wild Turkey – auf Deutsch wilder Truthahn – datiert aus dem Jahr 1940 und entstand angeblich bei der alljährlichen örtlichen Truthahnjagd, zu der die lokale Brennerei, damals im Besitz des New Yorker Unternehmens Austin Nichols, traditionell ein Fässchen guten Bourbon spendierte. In dem Jahr war das ein „101 Proof Straight Bourbon", der den Jagdgästen so gut schmeckte, dass sie im nächsten Jahr wieder nach „Wild Turkey Bourbon" verlangten – und die Marke Wild Turkey war geboren.

Lange galt Wild Turkey, namentlich der 101 Proof, als klassischer Arbeiter-Whisky. Doch schon seit geraumer Zeit versucht die Brennerei, sich von diesem Ruf zu lösen und eine kaufkräftigere Klientel zu erreichen. Insbesondere seit die italienische

> **Wild Turkey Rare Breed**
>
> **Aroma:** Frühlingsblumen, Orange, schwarzer Pfeffer
>
> **Geschmack:** Honig, Orange, Vanille, Minze, süßer Tabak
>
> **Abgang:** lang, warm, nussig, mit leichten Pfeffernoten

Campari-Gruppe die Brennerei übernommen hat, setzt man auf die Erweiterung der Produktpalette auch durch Kleinauflagen. Und man blickt zuversichtlich in die Zukunft: Seit 2011 hat das Unternehmen eine neue Brennfabrik, mit der sich die Kapazitäten beinahe verdoppelt haben.

Bereits seit 1991 ist der in Fassstärke abgefüllte **Wild Turkey Rare Breed** auf dem Markt, der trotz seiner 54,1 Volumenprozent Alkohol sehr mild ist und zu den beliebtesten Wild-Turkey-Bourbons gehört.

WOODFORD RESERVE

VERSAILLES, KENTUCKY, USA

Die Geschichte von Woodford Reserve, der kleinsten Whiskybrennerei in Kentucky, reicht bis in das Jahr 1797 zurück. Heute ist sie Teil des Brown-Forman-Konzerns, doch die Atmosphäre ist nach wie vor die eines übersichtlichen Kleinbetriebs, in dem man Wert auf echte Handarbeit legt. Dabei setzt man durchaus auf Innovation, und der Brennmeister Chris Morris experimentiert mit diversen Finishes und mit der Maische, für die er auch mal Hafer verwendet. Ein wesentlicher Unterschied zu anderen Bourbon-Destillerien besteht in der Brennanlage. Während Bourbon üblicherweise in Säulenbrennanlagen destilliert wird, durch die die zähe Maische problemlos fließen kann, arbeitet man bei Woodford Reserve mit Pot-Still-Brennblasen wie in Schottland, in denen die Bourbon-Maische leicht ansetzt, da sie vor der Destillation nicht gefiltert wird.

So entsteht dort etwa der unter dem Namen **Woodford Reserve Distiller's Select** vertriebene Bourbon, der in Fächern aus Weißeiche reift und eine typische Bourbon-Süße aufweist. Sein Volumen verdankt er der Pot-Still-Destillation.

Exemplarisch für den Innovationswillen des Brennmeisters ist der **Woodford Reserve Sonoma-Cutrer Pinot Noir Finish** aus der Master's Collection, für den ein fertiger Woodford Reserve in Pinot-Noir-Fässern vom berühmten kalifornischen Weingut Sonoma-Cutrer nachreift.

Woodford Reserve Distiller's Select

Aroma: ausgeprägter Vanilleduft, Rosinen, dazu Fruchtnoten

Geschmack: Anklänge von Karamell, dazu Pfirsich und Aprikosen sowie Gewürzaromen und leicht herbe Roggennoten

Abgang: warm und lang, mit recht deutlichen Vanillenoten, dazu pfeffrige Eiche

---

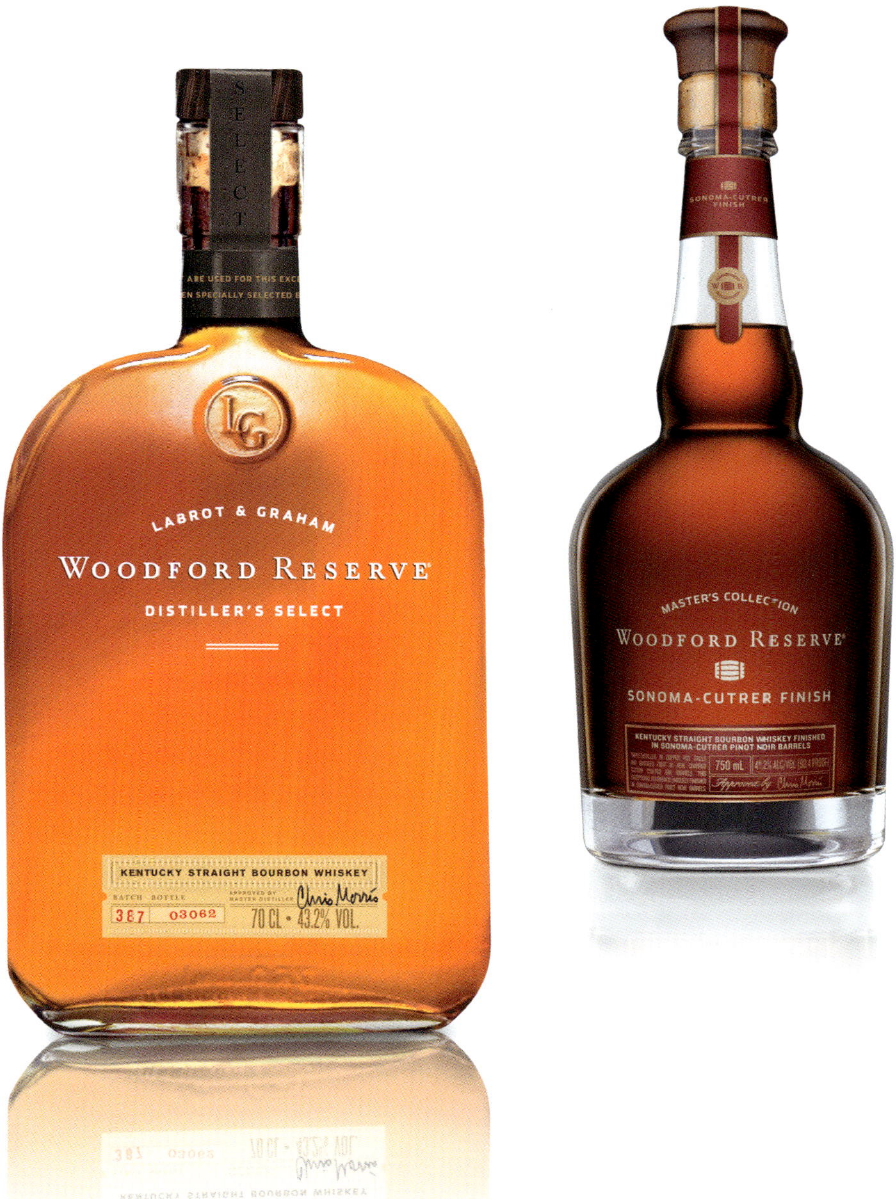
SELECT
LABROT & GRAHAM
WOODFORD RESERVE
DISTILLER'S SELECT
KENTUCKY STRAIGHT BOURBON WHISKEY
BATCH BOTTLE
387 03062
70 CL • 43.2% VOL.
SONOMA-CUTRER FINISH
MASTER'S COLLECTION
WOODFORD RESERVE
SONOMA-CUTRER FINISH
KENTUCKY STRAIGHT BOURBON WHISKEY FINISHED
IN SONOMA-CUTRER PINOT NOIR BARRELS
750 mL

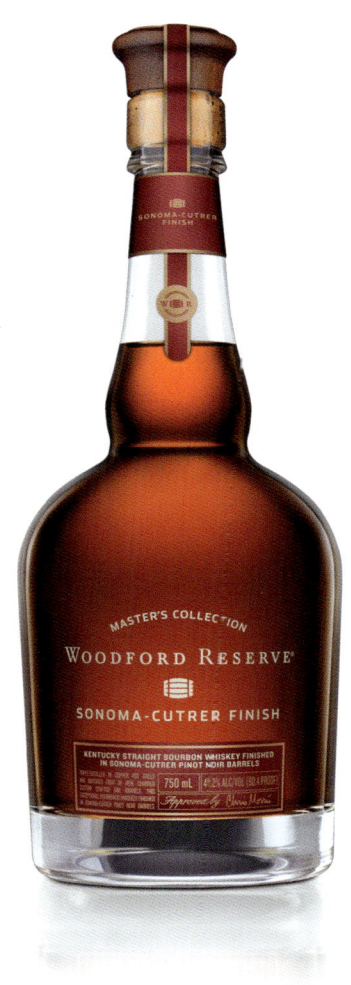

YAMAZAKI

KYOTO, JAPAN

Suntory-Gründer Shinjiro Torii begann mit der Whiskyproduktion in der von ihm erbauten ersten japanischen Destillerie in Yamazaki 1924. Fachlich unterstützt wurde er dabei von dem in Schottland ausgebildeten Whiskyexperten Masakata Taketsuru. Sein erster Single Malt kam fünf Jahre später unter dem Namen Suntory Whisky Sirofuda (Sirofuda bedeutet „white label") in den Handel. 1934 überwarf Torii sich mit seinem Brennmeister Taketsuru, der daraufhin aus dem Unternehmen ausschied und auf Hokkaido seine eigene Brennerei gründete, die ab 1952 den Namen Nikka Yoichi führte.

Heute stellt Suntory Yamazaki eine Vielzahl von ungetorften bis zu stark getorften Whiskyvarianten her, um diese zu geschmacklich ganz unterschiedlichen Single Malts zu verschneiden.

Nachdem der japanische Whisky über viele Jahrzehnte hinweg eher

> ### Yamazaki Single Malt 12 Years
>
> **Aroma:** getrocknete Früchte, Honig, Vanille
>
> **Geschmack:** fruchtige Aromen, dazu eine malzige Gerstennoten und ein Hauch Milchschokolade
>
> **Abgang:** lang und süß mit Holzaromen

ein Schattendasein geführt hat, boomt er inzwischen im In- und Ausland. Spätestens seit der Yamazaki Single Malt Sherry 2013 von Jim Murray zum World Whisky of the Year 2015 gewählt wurde, dürfte auch eine breitere Öffentlichkeit auf Japan als neue Whiskynation aufmerksam geworden sein.

Sehr beliebt ist auch der **Yamazaki 12 Years**, der sich mit seiner Sandelholznote deutlich von allem unterscheidet, was in Europa an Single Malt oder Scotch produziert wird.

WHISKY-COCKTAILS

COCKTAILSTUNDE

Spätestens wenn man Whisky mit anderen Spirituosen und Zutaten mixt, lässt er nicht mehr an prasselndes Kaminfeuer, stürmische Winternächte und Freunde des gepflegten und maßvollen Genusses denken, sondern an die 1960er-Jahre, New Yorker Bars, lässige Werber à la Mad Men oder das legendäre Rat Pack. Ursprünglich hatten Cocktails allerdings mit angesagtem Lifestyle nur wenig zu tun. Erfunden wurden sie nämlich, um den Geschmack von billigem oder selbst gebranntem Alkohol zu überdecken. Kein Wunder also, dass Cocktails während der Prohibition in den USA gefragt waren wie nie. Ihren Weg nach Europa nahmen sie unter anderem mit den vielen Amerikanern, die der staatlich verordneten Abstinenz durch ausgedehnte Aufenthalte in der Alten Welt zu entkommen suchten – und sich fortan in den American Bars in Paris, Berlin und Rom betranken.

WHISKY SOUR

Ein Sour ist ein alkoholhaltiger Cocktail aus einer Spirituose, Zitronensaft und Zucker. Er gilt als unkompliziert und unprätentiös, ohne es an Stil fehlen zu lassen. Das alles gilt natürlich auch für den Whisky Sour, der übrigens bereits 1870 eine erste schriftliche Erwähnung in einer Tageszeitung aus Wisconsin fand.

Zutaten

- *4 cl Bourbon-Whisky*
- *2 cl Zitronensaft*
- *1 Teelöffel feiner Zucker*

Zubereitung

Alle Zutaten in einem Mixbecher mit gecrushtem Eis mischen und in ein Whisky- oder Cocktailglas gießen. Garniert wird mit einer Maraschinokirsche.

THE OLD FASHIONED

Ob dieser Cocktail seinen Namen trägt, weil er angeblich der älteste Cocktail überhaupt ist oder weil er schon vor der Prohibition populär war, ist umstritten. Während der Prohibition jedenfalls erfreute er sich größter Beliebtheit, da viele der seinerzeit produzierten Whiskys nur mit Zucker genießbar waren. Anfang des 20. Jahrhunderts reichte der Barkeeper übrigens die fertige Bitter-Zucker-Mischung und eine Flasche Bourbon, das Mixen übernahm der Gast dann selbst.

Zutaten

- *5 cl Bourbon Whisky*
- *Sodawasser*
- *3 Spritzer Angostura Bitter*
- *1 Würfelzucker*
- *Zitronenschale*
- *Orangenschnitz*
- *Cocktailkirsche*

Zubereitung

Zuckerwürfel mit einigen Spritzern Angostura Bitter tränken und ins Glas geben, eine halbe Orangenscheibe andrücken und den Zucker zerdrücken. Whiskyglas mit Eiswürfeln füllen, Whisky darübergießen und mit Sodawasser auffüllen. Mit einem Stück Zitronenschale und einer aufgespießten Cocktailkirsche garnieren.

SAZERAC

Erfinder dieses Cocktails im 19. Jahrhundert war der in New Orleans ansässige Apotheker Antoine Peychaud, der seinen Peychaud's Bitters als Medizin verkaufte – und mit Whisky mischte. Die Verwandtschaft mit dem Old Fashioned ist unverkennbar, allerdings ist die Basisspirituose Rye Whiskey, als Bitter wird traditionell Peychaud's Bitters verwendet, und ein Sazerac wird nicht auf Eis serviert.

Zutaten

- 4 cl Rye Whiskey
- 1 cl Pernod
- 2–3 Spritzer Aromatic Bitter (z. B. Peychaud's)
- 1 Würfelzucker
- Sodawasser

Zubereitung

Würfelzucker mit Angostura tränken, in einen Tumbler geben und mit einem Barlöffel zerdrücken. Die beiden Spirituosen dazugeben, gut verrühren und mit Sodawasser auffüllen. Mit Zitronenschnitz dekorieren.

THE REVOLVER

Eine weitere Variation des Old Fashioned: Bourbon, gesüßt mit Kaffee-Likör
und mit Orange Bitters abgerundet. Im Zusammenspiel erinnern die Zutaten
entfernt an dunkle Schokolade. Erfreulich ist, dass der Whisky im Kaffeelikör
nicht untergeht.

Zutaten

- 6 cl Bourbon Whiskey
- 1,5 cl Kaffee-Likör
- 2 Spritzer Orange Bitters

Zubereitung

Zutaten ca. 30 Sekunden im Rührglas kalt rühren, anschließend in
gekühltes Cocktailglas abseihen.
Wer will, garniert mit einer
Orangenzeste.

RUSTY NAIL

Der Rusty Nail ist ein klassischer Shortdrink. Obwohl man ihn mit schottischem Whisky mixt, ist er eine US-amerikanische Erfindung. Der Likör rundet den Whisky mit seinen Kräuter- und Honigaromen ab und macht ihn extrem bekömmlich. Aber Vorsicht: Stark ist er trotzdem.

Zutaten
- 5 cl Scotch Whisky
- 2,5 cl Drambuie
  (schottischer Whiskylikör)
- Twist aus Zitronenschale
  zum Garnieren

Zubereitung
Whisky und Drambuie in ein Rührglas mit viel Eis geben. Gut verrühren. In eisgekühltes Shortdrinkglas füllen und mit Zitronentwist garnieren.

GOLDEN NAIL

Rusty Nail mit amerikanischen Zutaten.

Zutaten
- 3 cl Bourbon Whiskey
- 2 cl Southern Comfort
- Twist aus Orangenschale

Zubereitung
Bourbon und Southern Comfort über einige Eiswürfel direkt in ein Shortdrinkglas oder einen kleinen Tumbler gießen und verrühren. Mit Orangentwist garnieren.

DIE VIELEN GESICHTER MANHATTANS

MANHATTAN

Seinen Namen trägt dieser Cocktail angeblich, weil er 1874 für ein Bankett im New Yorker Manhattan Club kreiert wurde. Gastgeberin soll übrigens Jennie Churchill gewesen sein, die Mutter von Winston Churchill, der dem Whisky später durchaus zugetan sein sollte. Andere Quellen behaupten, Miss Churchill habe sich zu der Zeit in Frankreich aufgehalten und sei schwanger mit ihrem Winston gewesen. Wie dem auch sei – 1884 wurde die Rezeptur für den Manhattan erstmals in einem Barbuch veröffentlicht. Kurioserweise gilt der Manhattan als Nationalgetränk der Insel Föhr. Angeblich haben zurück-kehrende Amerika-Auswanderer ihn auf der Insel heimisch gemacht.

Nach dem folgenden Rezept wurde der klassische Manhattan in seinen Anfangszeiten gemixt. Man kann ihn auch kleiner dimensionieren und die Zutaten Whiskey und Vermouth im Verhältnis 2 zu 1 mischen.

Zutaten

- *1–2 Spritzer Zuckersirup*
- *1–2 Spritzer Orange Bitter*
- *1 Spritzer Curaçao oder Absinth (wenn gewünscht)*
- *6 cl Whiskey*
- *6 cl Vermouth*

Zubereitung

Alle Zutaten in ein Rührglas auf viel Eis geben. Gut verrühren. In Cocktailschale abgießen. Mit frischer Zitronenschale abspritzen.

MANHATTAN DRY

In dieser Variante kommt der Manhattan, wie der Name schon verrät, deutlich trockener daher.

Zutaten

- 4 cl Rye Whiskey
- 2 cl Vermouth Dry
- 1–2 Spritzer Angostura Bitter

Zubereitung

Alle Zutaten im Rührglas auf viel Eis gründlich verrühren. Anschließend in vorgekühlte Cocktailschale abgießen. Mit frischer Zitronenschale abspritzen und nach Wunsch mit Maraschinokirsche dekorieren.

ROB ROY

Der Rob Roy gehört ebenfalls zur Manhattan-Familie, allerdings wird er mit Scotch zubereitet. Erfunden wurde er 1894 im New Yorker Waldorf-Astoria, seinen Namen verdankt er dem schottischen Volkshelden Robert Roy MacGregor.

Zutaten

- *3 cl Scotch Whisky*
- *3 cl Vermouth Rosso*
- *1 Spritzer Angostura Bitter*

Zubereitung

Zutaten im Rührglas auf reichlich Eiswürfeln etwa 30 Sekunden lang verrühren und in gekühlte Cocktailschale abseihen und „straight up" – ohne Eis – genießen. Wer Lust hat, dekoriert seinen Rob Roy noch mit einer Cocktailkirsche oder einer Olive.

AFFINITY COCKTAIL

Auch dieser Cocktail gehört zur Familie Manhattan. Der Affinity wird wie der Rob Roy mit Scotch gemixt, aber dazu gesellen sich dann noch zweierlei Sorten Vermouth. Wer die alkoholischen Zutaten demokratisch behandeln möchte, mixt sie zu gleichen Teilen – angeblich wurde der Affinity ursprünglich auch so gemacht.

Zutaten

- 3 cl Scotch Whisky
- 1,5 cl Vermouth Rosso
- 1,5 cl trockener Vermouth
- 2 Spritzer Angostura Bitter

Zubereitung

Einige Eiswürfel in ein Rührglas geben, Whisky darüberfließen lassen. Dann die beiden Vermouths und Angostura dazugeben. Umrühren und in ein Cocktailglas abseihen.

DIE FAMILIE COLLINS

Als Collins bezeichnet man Cocktails, deren Basis aus einem klassischen Sour besteht und die mit Sodawasser aufgefüllt werden. Im Unterschied zum Fizz, der ein kleineres Getränk ist, nur wenig Sodawasser enthält, eiskalt geschüttelt und ohne Eis serviert wird, verdünnt man einen Collins mit deutlich mehr Sodawasser, und er wird auf reichlich Eis serviert.

Der wohl bekannteste Collins ist der Tom Collins auf Gin-Basis, allerdings zählt der Whisky-Zweig der Collins-Familie dafür eine stattliche Anzahl an Mitgliedern. Neben dem unten beschriebenen Colonel Collins auf Bourbon-Basis gibt es zum Beispiel noch den Captain Collins mit kanadischem Whisky, den Mike Collins mit irischem Whisky und schließlich den Sandy Collins mit Scotch.

COLONEL COLLINS

Zutaten

- *5 cl Bourbon Whiskey*
- *3 cl Zitronensaft*
- *2 cl Zuckersirup*
- *10 cl Sodawasser*

Zubereitung

Alle Zutaten außer Sodawasser mit einigen Eiswürfeln im Shaker kräftig schütteln. Mischung durch das Barsieb auf weitere Eiswürfel in ein Longdrinkglas abseihen. Je nach Geschmack mit Sodawasser auffüllen.

MILLIONAIRE

Erfunden wurde dieser Cocktail irgendwann in den 1920er-Jahren und ist damit ein echtes Prohibitionskind. Wer es mag und sich leisten kann, schwenkt die Cocktailschale vor dem Befüllen mit Absinth aus, Normalsterbliche nehmen, falls sie danach gelüstet, einen Pastis.

Zutaten

- 4 cl Bourbon Whiskey
- 2 cl Triple Sec
  (z. B. Grand Marnier)
- 1 Eiweiß
- 1 Spritzer Grenadine
- 1–2 cl Zitronensaft

Zubereitung

Zutaten lange und kräftig
auf Eis im Shaker schütteln,
in eine Cocktailschale abgießen.
Mit Minzeblättchen garnieren.

KICK IN THE PANTS

Ein echter Beschleuniger. Der Name ist Programm.

Zutaten

- *2 cl Bourbon Whiskey*
- *2 cl Cognac*
- *2 cl Cointreau*
- *2 cl Zitronensaft*

Zubereitung

Einige Eiswürfel mit den Zutaten in den Shaker geben und kräftig schütteln. Mischung durch das Barsieb in ein Cocktailglas abseihen.

IRISH CAR BOMB

Der Name lässt es schon vermuten: Dieser Cocktail ist alles andere als harmlos. Sein Geschmack erinnert an Schokomilchshake, doch seine Wirkung trifft einen wie ein Hammerschlag. Getrunken wird die Autobombe sofort und in einem Rutsch, da sonst der Bailey's gerinnt.

Zutaten

- *1,5 cl Bailey's Irish Cream*
- *1,5 cl Irish Whiskey*
  (z.B. Jameson)
- *0,2 l Guinness*

Zubereitung

Guiness in Longdrinkglas geben, Bailey's und Whiskey zusammen in ein Shotglas gießen. Shotglas im Guiness versenken und Cocktail sofort trinken.

ONE IRELAND

Der Alkohol gewordene Traum vom vereinten Irland, mit dem man sich auf der grünen Insel gerne den Saint Patrick's Day versüßt.

Zutaten

- 4 cl Irish Whiskey
- 1 cl Creme de Menthe (weiß)
- 10 cl Milch
- Vanilleeis

Zubereitung

Zwei kleine Kugeln Vanilleeis in ein Longdrinkglas geben. Whiskey und Creme de Menthe im Shaker kräftig schütteln und zu dem Eis in das Glas gießen. Je nach Geschmack mit Milch auffüllen und umrühren. Mit Zitronenschnitz dekorieren.

IRISH COFFEE

Auch wenn's kein echter Cocktail ist: Dieses Heißgetränk ist beinahe so berühmt wie der irische Whiskey selbst und darf darum hier nicht fehlen. Angeblich wurde die Kombination unmittelbar nach dem Ende des Zweiten Weltkriegs von einem irischen Barkeeper erfunden, der erschöpften Gästen nach einer langen Flugreise mit seiner Mischung neues Leben einhauchen wollte. Das folgende Rezept reicht für zwei Gläser Irish Coffee.

Zutaten

- *10 cl Irish Whiskey*
- *2 Teelöffel Zucker*
- *40 cl starker Kaffee*
- *geschlagene Sahne zum Garnieren*

Zubereitung

Gläser mit heißem Wasser anwärmen, abtrocknen und Whiskey mit dem Zucker hineingeben. Kaffee zugießen und rühren, bis der Zucker sich aufgelöst hat. Anschließend eine großzügige Portion Sahne auf den Kaffee geben.

HOT TODDY

Wenn die Iren sich mit einem Irish Coffee wärmen, greifen die Schotten zum Hot Toddy. Seinen Namen hat der Seelenwärmer angeblich von der Wasserquelle Tod's well in Edinburgh, und erstmals erwähnt wurde das Grundrezept – Whisky, heißes Wasser, Zucker und Zitrone sowie Gewürze (Muskatnuss, Zimt und Nelken) – in Schottland schon im 18. Jahrhundert.

Zutaten

- *6 cl Scotch Whisky (Blended)*
- *1,5 cl Zitronensaft (frisch gepresst)*
- *1,5 cl Zuckersirup*
- *1 Teelöffel Honig*
- *80 ml kochendes Wasser*
- *3 Nelken*

Zubereitung

Einen Teelöffel mit reichlich Honig in ein angewärmtes Glas stellen. Scotch, Zitronensaft, Zuckersirup und Nelken dazugeben und mit kochendem Wasser auffüllen. Rühren, bis sich der Honig komplett aufgelöst hat. Eine Zitronenscheibe und eine Zimtstange ins Glas geben.

GOD FATHER

Einfach zubereitet und ein echter Genuss. Der God Father ist ein beliebter Klassiker. Allerdings sollte man die Kombination aus Bourbon und Amaretto nicht unterschätzen.

Zutaten
- *4 cl Bourbon Whiskey*
- *2 cl Amaretto*

Zubereitung
Whisky und Amaretto in vorge-kühltes Shortdrink- oder Aperitif-glas mit einigen Eiswürfeln gießen und leicht umrühren. Mit Cocktail-kirsche und Orangenschale garnie-ren. Sofort servieren.

CAPITANO

Dieser Cocktail erfreut sich in den USA großer Beliebtheit und schmeckt über-raschenderweise nicht so süß, wie es die Zutaten vermuten lassen.

Zutaten
- *4 cl Southern Comfort*
- *2 cl Bourbon Whiskey*
- *2 cl Zitronensaft*
- *1 cl Amaretto*
- *4 cl Orangensaft*

Zubereitung
Zutaten mit Eiswürfeln shaken, mit gestoßenem Eis ins Glas geben.

ADMIRAL HIGHBALL

Bei Cocktails der Kategorie Highball handelt sich um einfach aufgebaute Longdrinks – Basisspirituose + kohlensäurehaltiges Getränk –, die vor allem den Durst löschen und erfrischen sollen. Das scheint der US-amerikanische Schriftsteller F. Scott Fitzgerald auch so gesehen zu haben: In seinen Romanen (z. B. Der große Gatsby) trinken die Helden Highballs wie Limonade. Der Admiral Highball kommt etwas komplexer daher als ein klassischer Longdrink und schmeckt nach Sommer.

Zutaten

- *2 cl Bourbon Whiskey*
- *2 cl (süßer) Rotwein*
- *1 cl Ananassaft*
- *1 cl Zitronensaft*
- *10 cl Sodawasser*

Zubereitung

Alle Zutaten außer Sodawasser mit einigen Eiswürfeln in einem Longdrinkglas verrühren und nach Belieben mit Sodawasser auffüllen.

WHISKY-HERSTELLER

Aberlour Distillery, Großbritannien; Chivas Brothers, Pernod Ricard

Amrut Distilleries, Indien

Ardbeg Distillery, Großbritannien; Louis Vuitton Moët Hennessy

Auchentoshan Distillery, Großbritannien; Beam Suntory

Ballentine's, Großbritannien; Chivas Brothers, Pernod Ricard

Balvenie Distillery, Großbritannien; William Grant & Sons

BenRiach Distillery Company, Großbritannien

Benromach Distillery Company, Großbritannien

Bruichladdich Distillery, Großbritannien; Rémy Cointreau

Buffalo Trace Distillery, USA; Sazerac Company

Bunnahabhain, Distillery, Großbritannien; Burn Stewart Distillers

Canadian Club, Kanada; Beam Suntory

Caol Ila Distillery, Großbritannien; Diageo

Cardhu Distillery, Großbritannien; Diageo

Chivas Brothers Ltd, Pernod Ricard

Four Roses Distillery, USA; Kirin Brewery Company

The Glenlivet Distillery, Großbritannien; Pernod Ricard

Glen Grant Distillery, Großbritannien; Campari

Glendronach Distillery, Großbritannien; BenRiach Distillery Company

Glenfarclas Distillery, Großbritannien; J. & G. Grant International

Glenkinchie Distillery, Großbritannien; Diageo

Glenmorangie Distillery, Großbritannien; Louis Vuitton Moët Hennessy

Glenturret Distillery, Großbritannien; The Edrington Group

Hakushu Distillery, Suntory Holdings

Heaven Hill Distillery, USA

Highland Park Distillery, Großbritannien; The Edrington Group

Isle of Arran Distillers, Großbritannien; Harold J. Currie

Jack Daniel's, USA, Brown-Forman Corporation

Jim Beam Distillery, USA; Beam Suntory
Kilbeggan Distillery, Irland; Beam Suntory
Kilchoman Distillery, Großbritannien
Lagavulin Distillery, Großbritannien; Diageo
Laphroag Distillery. Großbritannien; Beam Suntory
Maker's Mark Distillery, USA; Beam Suntory
Miyagikyo Distillery, Japan; Nikka Whisky Distilling
Nichols Distilling, USA; Pernod Ricard
The Old Jameson Distillery, Irish Distillers, Irland; Pernod Ricard
The Owl Distillery, Belgien
Oban Distillery, Großbritannien; Diageo
Old Bushmills Distillery, Großbritannien; Casa Cuervo
Royal Lochnagar Distillery, Großbritannien; Diageo
Scapa Distillery, Großbritannien; Pernod Ricard
Slyrs Destillerie GmbH, Deutschland
St. George's Distillery, Großbritannien; English Whisky Co.
Strathisla Distillery, Großbritannien, Chivas Brothers , Pernod Ricard
Talisker Distillery, Großbritannien; Diageo
Tasmania Distillery, Australien
Tobermory Distillery, Großbritannien; Burn Stewart Distillers
Tullamore, Großbritannien; William Grant & Sons
Distillerie Warenghem, Frankreich
Whiskydestillerie Blaue Maus, Deutschland, Firma Robert Fleischmann
William Grant & Sons, Großbritannien
Woodford Reserve Distillery, USA; Brown-Forman Corporation
Yamazaki Distillery, Japan; Suntory Holdings
Yoichi Distillery, Japan; Nikka Whisky Distilling
Yuan Chan Distillery, Taiwan; King Car

REGISTER

207

BILDQUELLEN

Aberlour Distillery: S. 43; Amrut Distilleries: S. 45; Ardbeg Distillery: S. 47, 48, 49; Auchentoshan Distillery: S. 6, 24, 32, 59; Ballentine's/Pernod Ricard: S. 61, 62; Balvenie Distillery: S. 63; Beam Suntory: S. 10, 15, 137; BenRiach Distillery: S. 2, 67, Benromach Distillery Company: S. 69; Bruichladdich Distillery: S. 75; Buffalo Trace Distillery: S. 29, 80, 81, 82, Bunnahabhain Distillery: S. 77, 78, Canadian Club Distillery: S. 18, 39, 88, Caol Ila Distillery: S. 91, 93, Chivas Brothers/Pernod Ricard: S. 95, Distillerie Warenghem: S. 51, 52, Fotolia.com: S. 3/8 (© Gresei), 11 (© andre@cf), 21 (© Martin M303), 182 (© Joshua Resnick), Four Roses Distillery: S. 103, Glen Grant Distillery: S. 27, 111, 112, Glendronach Distillery: S. 25, 105, Glenfarclas Distillery: S. 107, Glenfiddich Distillery: S. 23, 109, Glenkinchie Distillery: S. 114, 115, 116, Glenmorangie Distillery: S. 121, 122, Glenturret Distillery: S. 101, Hakushu Distillery/Suntory: S. 125, Heaven Hill Distillery: S. 97, Highland Park Distillery: S. 38, 127, 128, Isle of Arran Distillery: S. 9, 34, 55, 56, 57, Jack Daniel's/Brown Forman: S. 36, 130, 131, 132, Kavalan/Yuan Chan Distillery: S. 139, Kilbeggan Distillery: S. 141, 142, 143, Kilchoman Distillery: S. 145, Lagavulin Distillery: S. 147, Laphroaig Distillery: S. 149, Maker's Mark Distillery: S. 17, 151, mauritius images/Alamy: S. 40, Miyagikyo Distillery: S. 153, Nichols Distilling: S. 177, Oban Distillery: S. 157, Old Bushmills Distillery: S. 28, 35, 85, 86, Royal Lochnagar Distillery: S. 159, Scapa Distillery: S. 161, Slyrs Destillerie GmbH: S. 22, 162, 163, 164, St. George's Distillery: S. 99, Talisker Distillery: S. 169, Tasmania Distillery: S. 167, The Glenlivet Distillery: S. 119, The Old Jameson Distillery/Irish Distillers: S. 13, 135, The Owl Distillery: S. 12, 65, TLC Fotostudio: S. 184, 185, 186, 187, 188, 191, 192, 193, 195, 197, 199, 200, 203, Tobermory Distillery: S. 171, William Grant & Sons: S. 31, 172, 173, 174, 175, Whiskydestillerie Blaue Maus: S. 71, 72, Woodford Reserve Distillery: S. 179, Yamazaki Distillery: S. 181, Yoichi Distillery: S. 155